教育這種病

廖振順——著

推薦序

看見教育的希望，讀懂理性的思考

楊志朗

一晚啃著厚重的書之餘，不經意打開電視，未吞下的一口水差點吐出來。這是振順啊！天啊，他又上電視了，這可是本週第五次在電視上看到他！

回想和振順認識，過程是奇妙的！

記得去年師鐸獎英國參訪團，一位溫文儒雅的「老」教授坐在車前位置上，和我一樣也是單身赴會。

其實我對眼前這白髮蒼蒼的教授沒多大興趣，直到他戴著偏古銅色的四方眼鏡在我眼前滑著平板電腦，一副優游自在的神情。這實在令我匪夷所思，他不悶嗎？都已經出國了，還一邊玩平板，一邊喃喃自語。當下真想建議他，年紀都這麼大了，少用點３Ｃ產品吧！

透過縫隙，我好奇有什麼遊戲讓他這麼入迷？動畫、音效不俗，猜想應該是大師級水準的作品。也不知道振順哪來的第六感，突然一轉頭，搭上一句：「我自個兒做的！」當下我簡直瞠目結舌，吞吐問上：「眞的？」

振順目光炯炯有神，點點頭說：「當然。你想看嗎？」一路上搖搖晃晃，振順倒是說得津津有味。傅偉校長見我們有說有笑，趕來插上一腳。我心想著：不就是位大學教授，這是他的專長嘛，這麼好奇做什麼？

「你知道馬總統打過電話給他嗎？」傅偉校長冷不防加上一句：「臺北建城一百三十年專題演講就是邀請廖老師呢！」天啊！能在總統分秒必爭的行程中講個十分鐘，那絕對是神等級的人物了。

傅偉校長上句還沒講完下句就補上：「而且最厲害的，振順其實是個高中地理老師，專長是Google Earth影片製作。」哇！看振順笑笑地點著頭的模樣，我才知道眞正有實力的人確實深藏不露。不過說也奇怪，我怎麼沒聽過這位大師級人物，如今只能一味點頭示意，然後連用三聲「哇」來掩飾自己才疏學淺。

短短幾天的英國之旅，發現振順上知天文，下知地理，左拈歷史，右吟詩文，實在令人折服。

某天逛街時，振順似乎對我看上一雙鞋特別感興趣：「買了吧！看你瞧它老半天了，怎麼啦，捨不得買啊？」

我半調侃著：「小老師買東西總是貨比三家，這鞋貴死了。你也不想想這裡是英國，所得高得嚇死人，我啊，看看就好。誰叫我活在二十二K的臺灣！」

「其實臺灣物美價廉，幸福指數高得很！」

「你聽誰說的？你痴呆，我可不痴呆。」我心想二十二K時代已來臨，不難想像活在高物價時代的悲哀，振順說話有憑有據嗎？

「來，我拿數據向你解釋，這些數據來自世界銀行。」我邊試鞋，邊聽大師開講。

振順湊到我腳邊，坐在小椅子上不疾不徐地拿起平板，「二〇一四年中華民國人均國內生產總值（國際匯率）爲二萬二千五百九十八美元，全球排行第三十六名；而人均國內生產總值（購買力評價）爲四萬五千八百五十三美元，全球排行第十九名。」一大堆數據，我只聽到四萬多美元，不禁抬頭眼放光芒。

振順清清喉嚨，「這中間最重要的關鍵在於臺灣的物價低廉。」他反覆強調說上兩次：物－價－低－廉－。我百思不得其解，這數據準不準啊？

振順義正詞嚴接著說：「比較多國間的國內生產總值，要採用購買力評價之後的國內生產總值才合乎統計學上的意義。也難怪你會懷疑，因為媒體會選擇性報導。」

唯有理性思維的人才能說得如此胸有成竹，原來我活在幸福的國度。

「買了吧！不用猶豫了。」

我點點頭，笑了笑示意：「那我買鞋，你請我吃冰淇淋；我為國爭光，你把錢花光，兩全其美呢。」

話匣子被打開了，振順邊吃冰，邊壓著我問：「你知道臺灣大學生為什麼只能領二十二K嗎？」

我好不容易才嚥下一口冰，「為什麼？」

「你仔細想一想，三十多年前，大學聯考有十萬考生，能考上的僅有三萬多人，光是從數量上來看，那時的大學生就比今日的大學生『值錢』。『廣設高中、大學』這項政策是造成今日部分大學教授素質低落、部分大學生程度離譜，畢業後供過於求導致薪資無法提高，甚至拉低了優秀學生的薪資狀態，以及技職教育被拖累的關鍵原因，坦白說這是一項錯誤的教育政策。」

「喔！原來如此。」我懷疑自己是否常用浪漫感性角度來思考，所以與振順的理性科學對比，我只能咋舌，然後笑笑地對他說：「我對你的景仰眞如滔滔江水連綿不絕，有如黃河氾濫，一發不可收拾啊！如果我們互補一下，那豈不是打遍天下無敵手了？」

振順燦爛回應著：「現在是理盲而濫情的年代，你比我這個老是在說理的討厭鬼受歡迎多了。」我倆就在惺惺相惜中，結下一輩子當好朋友的緣。

看著電視上振順用最新科技 Google Earth 動畫講得頭頭是道，我這個外行人不得不俯首稱臣，原來科學也可以這麼生動有趣，難怪連主持人都「啞口無言」半晌。

從這一本書中，我看見教育的希望，我讀懂理性的思考，深入淺出，當我再三咀嚼，豁然開朗。振順老師苦口婆心希望每一個教育者必須具備有「遠見」的洞悉能力，因爲面對日新月異的時代，決勝負之要件正是對知識的反思能力和自我的學習經驗。

原來教育可以這麼不一樣，就從你我開始做起！

（本文作者爲 Super 教師、Power 教師、星雲教育獎、師鐸獎教師。）

推薦序

力由地起，情由理生——聽廖振順聊生命與大地之理

蔡淇華

五年前花一星期啃完臺灣第一本遊記——郁永河用文言寫下的《裨海紀遊》，但至今對書中印象已經模糊。爾後在YouTube看到廖振順老師用Google Earth製作的３Ｄ動畫，爲地理教學創造了革命性的改變。短短七分多鐘的講解，重要的古書內容、古村舍與現在的地名對照，讓郁永河三百年前行走的山陬海濱，歷歷在目。心中不禁揣想，若有幸認識此人，該是人間美事一樁。

爾後幸運在二〇一五年教育部師鐸獎的英國參訪團中，親炙這位「神人」級老師，一見如故，發現彼此有好多類似的地方：都是五年級生，都曾在徬徨少年時自暴自棄，也都求學命運多舛，但振順又比我悲慘多了。

振順高中聯考名落孫山，最後一間公立高中都考不上，私中一間間考下

來，總算考上了延平中學。但高二升高三時，竟然念到留級！更慘的是大學考了三次才上榜，只能勉強考上甲組（相當於現在的第二類組）吊車尾的文化大學地理系。如他書中所述：「當時的我對於自己的人生定位，如墜五里霧中，看不清方向。」

慢慢地，他心中的困惑逐漸明朗，如果學生每天去學校都是在被迫的情境下，怎麼能夠找到適合自己的方向，並且將潛力發揮出來呢？今日振順老師成爲教學卓越金質獎和師鐸獎的榜首得主，桃李春風一杯酒，「杏壇」夜雨十年燈，遂將箇中冷暖，化作文字千行，而有此新作誕生。

雖然前三本地理科普書得到二〇一四年全國圖書館借閱率史地類第一名，但此次一改筆風，在這本散文新書中，我們看到振順老師一下子蹀躞回到慘綠年少，一下子縛繫儒巾，獨立蒼茫。書空咄咄，念茲在茲的，都是國家與教育。

振順老師說：「我的專長讓我明白，要讓這個社會更進步，光是談愛還不夠，如果對環境不能正確認識，對腳下土地的變遷不清楚，就會經常做出以爲愛護土地，然而最後卻證明是傷害了土地的事。」所以他製作《裨海紀遊》、小林村滅村始末、日本大地震等影像形式的地理輔助教材，用紮實的地理知識和精闢的解說振聾發聵，在網路的眾聲喧嘩中，重現理性與科學的價值。

「我無法看到自己的國家與人民，集體陷入理盲的思辨，卻不做一點事。」那日和振順老師坐在萬芳醫院旁的餐廳中，他一邊告訴我場址效應（Seismic site effects）在地震來臨時，對臺北盆地可能造成的傷亡，一邊告訴我寫這一本書的使命感。那瞬間的振順老師，充滿了知識分子的力量與理性。

眞的，力由地起，情由理生。在充滿無力感的現世，或許我們該撥冗走入振順老師的理性與熱情，如入天地大風，然後在哲人的大地之理中，重新找到再出發的力量與方向！

（本文作者為作家、師鐸獎教師。）

作者序
「希望」才是教育的重點

我的前三本書《地理課沒教的事》系列，屬於科普類書籍，這次寫教育類的書，感覺比寫科普書還要困難，拿起筆來，以文字去面對過去曾經生澀、一度迷惘，卻傻得只知道盲目前行的自己，愈寫愈質疑，如今的我思緒眞的比過去明朗嗎？用墨水把刻劃在記憶深處的同學和老師，清晰地拓印出來重新觀照，雖然早在多年前就已經有足夠的勇氣去面對這般不被期待的自己，但在字裡行間仔細梳理過去的種種傷痕與成長經驗，依然會在下筆的某一刻，內心忽然悸動，隨之而來的鬱悶，必須藉由深深地呼氣才能緩緩舒展。

俗話說久病成良醫，因爲病久了，親身感受到病起病癒的每一分鐘痛楚，每一口藥物的苦澀，每一次病情轉折時的心情起伏，我想，當久了被折磨的學生，或是看多了被折磨的學生，經歷過這些難以想像與理解的心路歷程的老師，也會有機會成爲良師的。

作家廖輝英寫過一本小說《油麻菜籽》，小說中用「油麻菜籽」比喻女人的命運，說她們像油麻菜籽一樣隨風飄散，落到哪裡就長到哪裡。以同樣的邏輯來看，一位學生的求學命運，多數時候也像油麻菜籽般，落到哪個學校、哪個班級，要不就在那裡快樂學習，時時刻刻互相刺激求進步；要不就是在班上痛苦掙扎，分分秒秒互相漏氣比墮落。

一樣米養百樣人，孔子也說要因材施教，可是受到西方工業化的影響，教育變成是為了工業化之下的產業需求而提供勞力，如何教育出制式化、大量化的勞力品質，就變成世界各國的教育重點。可是人不是百樣嗎？嗯，那就乾脆像工業產品一樣囉，分成合格品、瑕疵品，甚至是直接放棄的耗材。

百樣人到底有多百樣？在教育上實在說不準，有些人很會理解文字、數字，以文字、數字邏輯思考如同呼吸一樣，因此這類人在現今以文字、數字教學考試的環境下，生存得非常好，經常成為眾人眼中的資優生。但是有些人看到文字就當機，卻對聲音極端有感，聽過的聲音很自然就會在大腦留下印記；相對的，世界上有些人根本就是音痴，不同的聲音在音痴「木耳」的聆聽下都是一樣的，完全無法聽出音準，也聽不出兩種聲音的些微差異。還有些人則是看圖形的天分令人咋舌，任何東西包括文字、數字都在大腦中以圖像來運作，文字內容對這類人的意義不大，圖像的構成邏輯才是有感的。聽覺型和視覺型兩類人若沒有碰到貴人指點，或是自己悟出自身的特質，在以文字、數字教學考試的環境下，課業上經常出現不盡如人意的成果，此時若再加上家人、朋友的打擊，再強的自尊心也會被慢慢擊潰，心死了，整個人還有希望嗎？

「希望」是重點，如果學生在教育中看不到希望，那爲何要學習？引領學生看到希望，在第一線的老師責無旁貸，若教育者缺乏遠見，如何能夠引領出希望呢？如果回到二十年前，告訴朋友我們現在口袋裡那部又輕又薄的設備可以拿來付錢、用來導航、規劃個人健康、控制家電……，而且許多服務都免費，他們肯定會說這是不可能的。

這個世界正在劇變，Uber旗下沒有計程車，卻成爲世界上最大的運輸服務商，Facebook不賣書也不生產內容，卻提供世界最大的社群網站服務，阿里巴巴不生產商品，更沒有任何倉儲，卻是世界上最大的電子商務服務商。未來呢？甚至有大師預測三十年後，資訊藥丸將會出現，吞一顆《史記》藥丸，五十二萬六千五百餘字立即進入腦海，若眞如此的話，那麼，教育制度要不要改變？教學方法要不要調整？

可預見的未來三十年時間，世界將進入一個前所未有的科技噴發期，許多傳統工作會消失，同時許多新興工作會誕生，在這段變動期間，「缺乏遠見」會是教育最可怕的事。

目錄

Part II

開創教育的未來——人師的精進

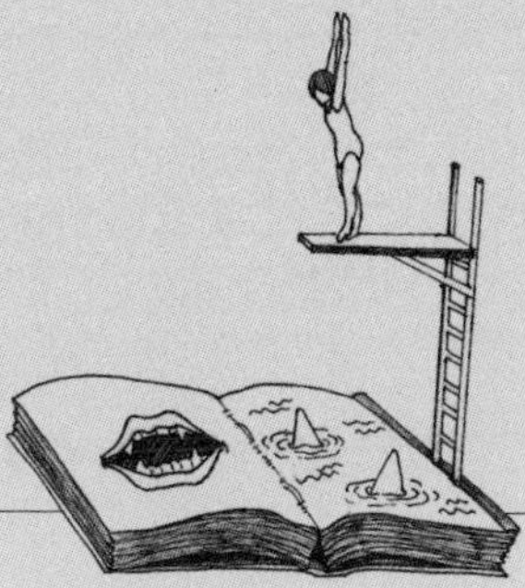

Part I

變質的教育現場——人師的自省

烏龜跑贏了

國小的成績單上，老師給我的評語總是「聰明話多」，國中作智力測驗後，殘酷的事情來了，智商只有一〇六，雖然還不算是笨蛋，但也絕對不叫聰明，於是乎，我被分到了「普通班」，普通班的意思很清楚，就是你不夠資優，能升學的機率不高，所以你不夠格在升學班。在普通班的我很有傻勁，努力讀書、努力考試，在班上總是能拿到第二名，升國二時，被學校調升進入升學班，我不記得當時是否曾經興奮過，但是清楚地記得內心的焦慮，還好新班級坐在我後面的許風川同學是全校第一名，順理成章地成爲我學習的典範。

求學之路一波三折

風川身上的諸多人格特質和做事態度都讓我開了眼界，每次學期初他拿到新課本時，第一件事就是拿出「超級小刀」（一把兩塊錢的折疊刀，每個學生鉛筆盒裡都有，主要拿來削鉛筆），把每一本新課本的書角都削成圓弧狀，這樣就可以避免九十度直角狀的書角被折到。每次打開課本，風川會拿鉛筆盒壓住書頁的邊緣，以避免書頁彈回來；上課時，風川絕對專心聽講，任何人休想和他講話，有一回上課鐘剛響完，我回過頭對風川說：「喂，剛剛那球你應該傳出來的。」沒想到他瞪眼怒斥我說：「現在在上課！」

風川上課勤抄筆記，但不是那種把老師每一句話都寫下來的抄寫方式，而是將老師說話的內容經過消化後寫下的重點，課本上的這些重點筆記全都是用２Ｂ鉛筆來寫，今天寫完的鉛筆筆記，回去以後再重新整理在筆記本上，整理完了，書上的鉛筆筆記全部擦掉不留痕跡，書本看起來又像新的一樣。風川就是這樣一個愛書的人，一個愛書、敬書、對知識尊重的人，怎麼可能課業不好。下課鈴聲響起時，風川幾乎都是第一個拿著籃球衝出教室的人，打起球來超級投入，但是不論球打得多瘋狂，場面多熱鬧，只要上課鈴聲一響，第一個衝回教室的一定也是他。一個不論讀書、上課、打球都全力投入，做任何事都無比專注的人，你說這樣的人未來怎麼可能會是無名小卒呢？

可惜風川的好，我多年後才能體會，當時的我還是個駑鈍未開竅的笨學生，面對所有考試只是一味苦讀，結果卻不怎麼理想，更淒慘的是成績不好得挨藤條，國中三年期間幾乎是天天被打。當年老師打人都已經打出了獨門技術，藤條分成細、中、粗三種類型，最細的打指尖，剛打下去時，感覺不痛，只有微微的麻刺感，但是一分鐘後，指尖開始腫脹，手指不自主地顫抖，漸漸痛到臉部扭曲。中等粗細的藤條拿來打手掌心，變態一點的老師則是打手背。哎呀！那可是痛到骨髓裡，很要命的。最粗的藤條用來打屁股，凶狠一點的老師則是拿來打大腿。打屁股的時候，畫面最壯觀，挨打的學生在講臺上面對黑板屁股翹起一字排開，老師會拿著藤條依序一個屁股、一個屁股打下去，霎時啪啪聲響不絕於耳，熱鬧非凡。

每天被打的日子不好熬，白天在學校被打，晚上到了補習班還要再被打一頓，到了國三終於熬不住了，開始蹺補習班的課，寧願晚上漫無目的地在馬路上閒逛，也不願意走進補習班的教室挨打。原本還算可以的成績，荒蕪一個月後，表現大不如昔，結果高中聯考時，連最後一間泰山高中都考不上

（當年大臺北地區僅有十間公立高中）。

在聯考前數月，因爲受不了沉悶與挨打的學習環境而蹺補習班的課，蹺課的代價是作息紊亂、家人傷心、老師失望，以及高中聯考名落孫山。沒有學校可讀這事把父親氣壞了，每天催促著去考各間私立高中，一間間考下來，總算考上延平中學。私立學校的學費可貴了，年少不懂事的我，哪裡會懂得父親的經濟壓力有多大，哪裡能體會父親必須犧牲多少自己的需求才能供應孩子的教育經費。

爲了把書讀好，明明學校離家很近，父親還是讓我住校專心讀書。住校期間眞是用功啊！幾乎每天跟著高三學長一起讀書，從清晨六點開始用功，早餐後去教室上課，放學後去自習室一直讀到晚上十二點才就寢，這樣說來應該很厲害了，不是嗎？正當我高二要升高三時，延平中學通知我：你留級了！眼前有兩條路可選，一是選擇留級，再讀一次高二；一是選擇轉校，而我選擇轉校。已經不記得當時的心情是什麼，只記得自己一個人默默地走出校門。留級生還能去哪兒呢？能選擇的學校不多，於是我轉到了每天通車需要一個多小時的泰北高中念高三。

還記得當我背著延平中學的書包時，每次在公車上總是會碰到隔壁師大附中的學生，說不會自卑是騙人的，可眞沒想到，兩年後連延平的書包都背不上，開始背起泰北的書包。說實在話，三十多年前，念泰北高中是沒人看得上眼的，有一次公車到了學校門口，爆滿的車上只見泰北的學生擠著下車，車掌小姐（當年還有這種職業）口氣很差地破口大罵：「你們這些爛學校的學生擠什麼擠啊！」奇妙的是，當時的泰北學生沒有任何人回嘴，也沒有任何反應，大家似乎是默認了車掌小姐的批評。是的！我們是爛學校，我們是爛學生，雖然被罵了很不高興，但是我們的自尊已經殘破不堪，所以忍受著羞辱，支撐著一副沒有自尊的破碎殘軀走進學校。

他人的尊重來自自重

高中畢業第一次大學聯考，結果「當然」是落榜，只好到南陽街重考班補習，第二次聯考依然未考上，我向父親表明想繼續考大學，父親看著我，想了一想對我說：「我其實滿佩服你的，已經考兩次了，竟然還想考第三次。」第三次是最後一次，若是再考不上就得去服兵役了，而且是三年的兵役（籤運不佳），或許是求生意志堅強，第三次聯考終於上榜了，不過依然考得很差，只能勉強考上甲組（相當於現在的第二類組）的吊車尾科系（當年每所校系都有排名），也就是文化大學地理系。

當時任何人看到我，大概都會覺得這個年輕人基本上就是個「魯蛇」，更坦白一點的，說不定會丟下一句直白的評語——廢物！別人到底怎麼看我，我不知道，重點是我對自己的看法如何呢？高中課本念了五年後，終於考上大學，但是從根本上我就懷疑自己是否適合念書，如果適合，爲何聯考考了三次？如此勉強地考上大學，再勉強地念下去有必要嗎？大一期間，問了一堆很基本的問題，幾乎是念國、高中時就應該要思考的問題，但是當時的客觀環境不鼓勵這樣發問，也沒有師長會引導如此思考。當年的主流想法很簡單，書念不好就去做工，書念不好就是沒出息，於是也許未來可能是藝術家、運動員、廚師、美髮師的年輕人，不管適不適合念書，全部一股腦兒被要求要讀書升學。在陽明山上的華岡，午後經常雲霧飄渺，當時的我對於自己的人生定位，如墜五里霧中，看不清方向。

慢慢地，心中的困惑逐漸明朗，爲什麼過去讀書讀得這麼辛苦，資質不好是其一，但更重要的是自己內心深處根本不知道爲什麼要念這些教科書，卻沒有勇氣與智慧去質疑、去思辨，於是每天去上學都是處於被迫的情境下，誰在逼迫呢？初期是父母、老師、長輩，慢慢地價值觀內化，變成自己在逼迫自己，一個人處在被逼迫的情況下，怎麼能夠找到適合自己的方向，並且將潛力發揮出來呢？

大二時，在陳文尙老師的課程中，他要求我們上臺報告一個地理主題，而且只能用「十張」幻燈片來報告，就是十張，不能多也不能少。這個訓練很有價值，透過這項嚴格要求，報告者必須學著去蕪存菁，必須具備系統性的思考，很有「架構」地組織這十張幻燈片，才能清楚呈現出完整的地理主題式報告。

這堂課是我人生的轉捩點，透過這堂課的報告，我意外發現自己的組織架構能力非常強，也順便驚奇地發現其他同學在這方面的瓶頸；透過這個報告，不但找到自己某方面的價值，也找回許久不見的自信心與自尊心，這份自尊心就像是一個巨大陰冷柴房中的小火種，足以引燃衆多等待被燃燒的能量。我的能量終於開始釋放了，大四那年，我爲自己做了一個決定，必須力拚研究所，因爲那是我最後的機會，這一年和以前不同，這一年我清楚知道自己要什麼，這一年我是爲自己讀書。我用一年的時間讀了四年需要讀的書，還好老天爺眷顧一個肯努力的人，一年後終於考上了臺灣師範大學地理

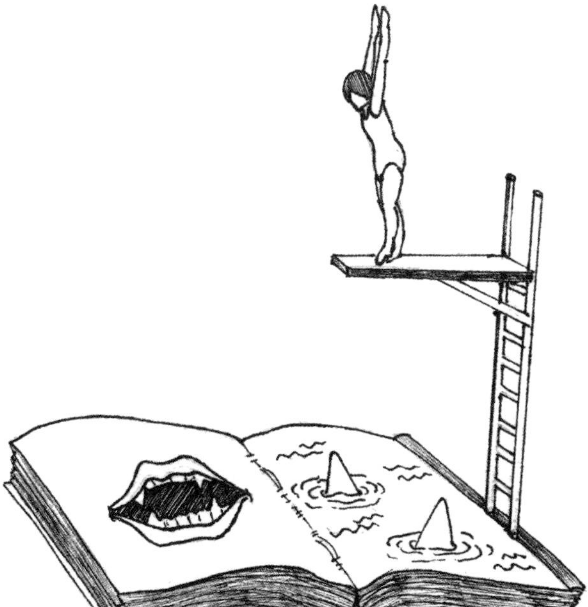

研究所。

回想起大二時不知天高地厚，竟然跑去應徵家教，對方很客氣地回絕後，才突然發現自己眞是傻得可以，有哪位家長願意找一個文化大學地理系的學生當家教呢？於是只好認分地去餐館裡端菜，偶爾有外送時則幫忙送便當。大四考上師大地研所之後，和系上助教閒聊時得知某一所私立高中正在找地理教師，心中想著：好吧，打個電話問問看，反正也不會損失什麼。電話一打通，接電話的恰巧是教務主任，劈頭就問我是哪一間學校的呀？得知我是師大地理研究所（當時還沒到師大註冊呢）的學生後，教務主任立刻用最客氣的口吻說：「噢……是廖老師啊！歡迎！歡迎！」這一句「歡迎」的語調，到今天還迴響在耳際。

那一刻非常深切地體悟到，別人的尊重要靠自己的自重來爭取，當別人徵求家教卻不聘請你的時候，不能怪別人現實，要怪，只能怪自己過去不爭氣。端盤子、送便當的時候，老闆給的薪水少得可憐，並不是自己只值這個價錢，而是這份工作只值這個價錢，與其要求老闆每小時加薪二十元，還不如厚植自己的競爭力，爭取更值錢的工作。

畢業後，順理成章地當了老師，而教書二十多年後竟然拿了教學卓越金質獎和師鐸獎，並且是臺北市的榜首（直接獲得師鐸獎，毋須經過口試審查），然而三十年前我曾經是個留級生啊！不但延平的同學瞧不起我，在內心深處，我自己也不見得看得起自己，自尊心一旦被摧毀了，只會向下身分認同，一旦認同了自己是一個爛人的身分，自然就會做出一個爛人會做的事。這麼說來，老師最重要的工作之一，應該是要想方設法讓學生得到正向發展的身分認同，只要老師成功地做到這件事，學生自己就會朝著該身分應該做的事去努力，根本毋須任何人時時刻刻在旁邊鞭策。身分認同的過程就是在茫茫浩瀚的世界中找到自己的定位，「定位自我」之後才有了看待他人的參考點。

第一次出書就得獎

擔任教職工作後，因緣際會，時任時報出版社的主編顏少鵬主動找我出書，第一本書在二〇一二年出版，我完全沒想到一本談科普的書籍，竟然不到一年就賣了一萬本，少鵬告訴我這本書可眞是小兵立大功，既然賣得不錯，那就寫第二本吧！驚奇的是，第一本《地理課沒教的事：用 Google Earth 大開眼界》和第二本《用 Google Earth 穿越古今》居然都得了獎，過去大學聯考時，我的國文成績可是從來沒有及格過啊！這件事證明了一個人在不斷勤讀之下，即使底子再爛，還是可以寫本好書。接著又寫了第三本《看見地球的變動》，這三本書還得到二〇一四年全國圖書館圖書借閱率史地類第一名。

每一位作家內心應該都想過一件事，那就是寫書的過程實在很累，而且又賺不到錢，爲什麼還願意支撐著繼續寫下去呢？和我同期的師鐸獎得主蔡淇華說他是因爲生氣，看到社會亂象生氣，看到教育亂象生氣，氣到不寫點文章來表達心意不行。是啊！整個社會大家都氣，不是只有窮人氣，有錢人也氣；不是只有百姓氣，高官也氣；不是只有學生氣，老師也氣，當整個社會無人不氣、無時不氣時，那肯定是出了問題。看過淇華文章的人應該都知道，他的文章裡沒有氣，只有愛！因爲社會以「出氣」當道，只好氣到寫文章宣揚愛的重要性。

我沒有淇華這麼好的文采，但當我發現自己寫的書在圖書館的借閱率得到第一名時，便領悟到一個人只要能發揮自己的專長就能對社會做出貢獻，而做出貢獻的這一份成就感，就是支撐我繼續寫下去的力量。我的專長讓我明白，要讓這個社會更進步，光是談愛還不夠，如果對環境不能正確認識，對腳下土地的變遷不清楚，那就會經常做出以爲愛護土地，然而最後卻證明是傷害土地的事。

贏在起跑點不等於到達終點

龜兔賽跑誰跑贏了？烏龜跑贏了，爲什麼？因爲兔子在睡覺，而烏龜不停地往前邁進，即使烏龜爬得再慢，但是只要肯爬，終有爬到終點的時刻。兔子跑得快好比智商高的學生，一個智商高的學生若是一碰到挫折就放棄，學習成就便會非常有限。烏龜跑得慢就像是智商普通的學生，若是有一隻烏龜堅定剛毅、永不停歇，那麼這隻烏龜的最終表現，經常會令人刮目相看。

烏龜取得光榮的關鍵在於「堅定的毅力」，二〇一三年，賓夕法尼亞大學心理學教授安琪拉·達克沃思（Angela Duckworth）在ＴＥＤ（美國的非營利機構）的演講中，引起教育界對「堅定毅力」的大量討論，安琪拉教授和她的團隊設計了一些測量「堅毅指數」的工具，受測對象從軍校生到一般中學生，她很驚訝地發現，決定一名學生是否能取得畢業資格或成績是否優異，並不在於傳統認知的智商或是贏在起跑點，而是這些學生當中誰的毅力最爲堅定。美國經濟發達，生活條件普遍優渥，孩子數量又不多，多數兒童在成長過程中，更少面對挫折與失敗，凡事都自動化，網際網路講究的是快、準又方便，線上購物只要一鍵完成，如此的成長環境，若是沒有適當給予培養毅力的教育，非常容易在學業上一遭遇困難挫折就迅速放棄。

學校裡跑得飛快的兔子是少數，絕大多數學生的學習狀況有如緩慢的烏龜，如果你是飛快的兔子，那眞是要謝謝父母給你的天賦異稟，若能善用發揮，那會是社會、國家、人類之福。如果你和多數人一樣學習緩慢有如烏龜，別氣餒，我們只是要爬得久一點罷了。只要肯爬、持續爬，充滿毅力、堅持到底，終究也能爬到目標，而且在慢爬的人生過程中，還可以細細品味周遭的一切。

霸凌羞辱文化

一九八五年《野火集》出版，龍應台在書中指出臺灣社會的諸多問題，並且提出了一句廣爲流傳的名句「中國人，你爲什麼不生氣」，讓許多五年級生（民國五〇年代出生）受到啟發，開始懂得關注社會中的不公不義，同時摸索如何發聲，如何組織力量。《野火集》甚至變成學運指南或社運手冊，而書中對於環境破壞、社會正義等問題闡述的文字，讓每一個有理性的人都很生氣，生氣的力量很大，大到可以誘發出一個新的政治空間。從另一個角度來看，現今四、五年級左右的政治人物，是一群不但懂得如何生氣才能有政治效果，更懂得如何讓別人也跟著生氣的專業人士。生氣很容易經過暗示引導產生敵我識別，敵我識別一旦出現，那麼對敵人暴力就有了基礎，暴力不見得是動手動腳，更常見的是語言上的暴力，透過網路的傳播擴散與仿效，更強化了世界性網路霸凌現象在臺灣的泛政治化傾向。

網路霸凌？鄉民正義？

過去一般百姓最痛恨的就是那些濫用權勢的權貴，當Twitter和Facebook等社群軟體出現以後，一般民眾忽然間擁有可以強力評論別人的權勢，漸漸地，平凡百姓也開始享受著濫用權勢的權威感，這種感覺是會上癮的，若是沒有某個犯了錯的人物當作公眾祭品來羞辱一番，日子會變得百般無聊和空虛。同樣一群百姓在觀看電視影集或電影的時候，總是喜歡公正、平衡、慈悲的法官，但是他們在網路社群裡，卻總扮演著私心、偏執又殘忍的法官，這種現象是世界性的，只要是網路發達的國度裡都難逃此心魔的摧殘。

透過網路成爲第一個被「全世界」一起公開羞辱、集體霸凌的人，名字叫做莫妮卡．陸文斯基（Monica Lewinsky），她就是在白宮與美國總統柯林頓（William Jefferson Clinton）有過親密關係的那位女士。這件事爆發之後，陸文斯基被貼上淫婦、蕩婦、妓女、娼妓、笨女人等標籤，罵她的人絕大多數都不認識她，但是罵起來卻像個對敵人做過深入了解，並且仇深似海的敵對者，也似乎忘記那個女人曾經是個鄰家女孩，曾經是個完整無缺、有靈魂與生命的人。

一九九八年，柯林頓醜聞爆發以後，陸文斯基失去了名譽和尊嚴，失去了生活，更可以說失去了一切。十七年後，二〇一五年三月陸文斯基勇敢地站出來，在TED發表演講，爲大家描繪了一幅圖像：

那是在一九九八年九月，我坐在一間沒有窗户的辦公室裡，位在獨立檢察官的辦公室內，頭頂上的日光燈嗡嗡作響。我聽著自己的聲音，聲音來自祕密錄音電話裡的對話，那是原以為是朋友的人在前一年錄的音。我在這裡是因為法令上要求我必須親自證明這二十小時錄音對話的真實性。在那過去八個月，這些神祕的錄音內容像一把達摩克利斯之劍（編按：古希臘的一則軼事，暗喻時刻存在的危險）懸在我的頭上。我是說，誰記得他們一年前説了什麼？我窘迫且驚恐地聽著，聽著我聊一天中的雜事；聽著我承認對總統的愛，當然還有，我的傷心事；聽著我有時狡詐、有時無禮、有時很愚蠢的自己，變得冷酷、無情、粗魯；聽著，感到深深、深深地慚愧，對於我最差的一面，那個連我自己都認不出的自己。

陸文斯基自承錯在愛上了一個她不該愛的人，也就是她的已婚老闆，更糟糕的是，她的老闆是美國總統。愛上一個不該愛的人，幾乎是分分秒秒都在地球表面上發生的事，但是總統醜聞卻有商業價值，藉著網路散播威力，公開羞辱成爲商品，愈多羞辱，就有愈多點閱。愈多點閱，就有愈多廣告費。大眾每天點閱，每天拿羞辱別人或看別人被羞辱當作消遣，看多了，看到麻木了，也就在無感中產生更多的點閱，於是乎，網路霸凌文化充斥社會，有時還義正詞嚴地包裝成鄉民正義。被霸凌的人身受無情的攻擊，進入無止盡的絕望狀態，情況反覆瀕臨極限時，就會想著自殺來終止一切痛苦，他們不是不知道自殺不能解決問題，問題是誰能告訴他們活著如何解決問題？周遭的人無法給予解藥，卻要求他們繼續痛苦，當憂鬱、悲傷、絕望占據心頭時，大腦是不接受「道理」的，愈多的道理帶來愈多的罪惡感，引發愈深的痛苦。

羞辱的殺傷力不下於刀刃

我國中一年級的時候，班上有一位患有小兒痲痺症的同學，印象中小方同學溫和有禮，對同學超級友善，可惜他的運氣不好，班上有一批心智很不成熟的學生，總愛拿他來開玩笑，有事沒事、人前人後就要跛腳來、跛腳去

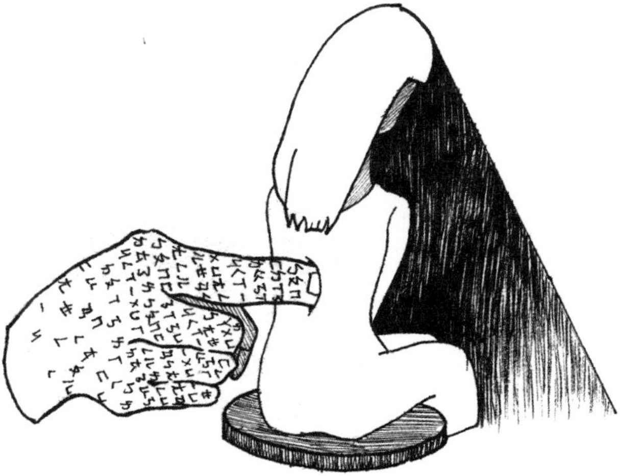

地叫他，並對他那一隻又瘦弱又彎曲的腳捉弄不停。雖然偶爾小方會生氣，但大多數時間，他似乎只是微微笑、聳聳肩地一笑置之。國二時，老是考第二名的我和班上一直都是第一名的同學「升格」進入升學班，排名第三的小方很遺憾地依然留在普通班當山大王，沒想到山大王可慘了，這群人只要一想到「跛腳的」是第一名，就莫名地憤怒，憤怒自己連「跛腳的」都不如，可是偏偏就是考不過小方，只好採取容易贏的方式來戰勝他，那就是不斷取笑他。

十年後，某天電視傳來一則新聞，敘述著一樁殺人案件，一位二十幾歲罹患小兒痲痺的青年，因爲遭受一名國中生的譏笑，一時憤怒，失手殺死了這名國中生……，我的眼光無意識地飄向電視機，畫面中顯示的殺人犯令我震驚不已，殺人犯竟然是小方！是那一位總是面帶微笑、總是和善又有禮貌、總是班上第三名的小方。

我不禁想到他的憤怒除了來自殺人的當下，應該還有來自十年前同班同學們所種下的種子。其實這些過去取笑、欺負小方的同學也是凶手，甚至可以說是眞正的凶手，但是這些同學不知道自己殺了人，而且還殺了兩個人，一個是小方，一個是被小方拿刀捅死的國中生。時光若能回溯到十年前，當大家還是國一生的時候，如果能讓全班同學看《蝴蝶效應》（*The Butterfly Effect*）這部電影，如果導師能適當地講解「蝴蝶效應」對每個人一生的改變，或許小方會是一個對社會有所貢獻的青年，而那位被小方捅死的國中生會繼續活著、會娶妻生子……。

羞辱是一種比憤怒還要來得強烈的情緒感受，透過網路霸凌引起的自殺念頭遠比非網路霸凌來得更爲嚴重，英國非營利組織「兒童熱線」曾經發布了一項驚人數據：英國在二〇一二年到二〇一三年之間，增加了百分之八十七的網路霸凌。這種狀況該如何應對？教導與散播「同理心」是當務之急，在網路上富有同理心的留言可以幫助消除負面情緒，從自身網路發言開始，就像丟一顆小石子引發湖面的漣漪一樣，富有同理心的發言讓大家都能獲得溫暖，富有同理心地閱讀新聞，更可以讓自己受益。

對於被霸凌而沉陷在痛苦深淵的人，網路上一些有類似經歷的人，他們自我撫慰的話語，可以提供給大家參考：

面對失敗的時候是很孤單的，因為沒有人可以體會你的感覺，沒有人會等你，我們只能自己用手撐著站起來。

像白痴一樣相信一切都會變好其實對自己也沒有壞處，
但是不能停止去努力，就像你不能停止努力地活著，努力地過生活。

有一份痛苦是你不想提但是也沒辦法完全放下的，
不想面對過去，就把自己的現在填滿，
人是健忘的動物，好的不好的，總都會過去的。

如果說龍應台在一九八五年放了一把野火，這把火延燒到現在，臺灣社會早就已經遍地是火，一股股不管對事或對人就想燃燒之火。森林大火在燒盡一切之後，卻也留下豐厚的養分，就等溫和的小雨滋潤大地，讓年輕的幼苗發芽茁壯，脆弱的幼苗絕對不堪野火亂竄紋身，需要的是一段雨露滋潤的成長機會。

沒遠見怎能正確引導學生

許多老師教書多年之後，大多會承認一個事實，那就是學生的本質是未來發展的關鍵，畢竟蘭花長大之後不會變成繡球花。但是透過教育、透過老師的引導，原本不起眼的蘭花，卻有可能成爲「大獎花」（國際蘭展競賽獎項），或者也有可能變成夭折的殘花。

別當小心眼的老師

大山是個長得很「善良」、很憨厚的孩子，嘴唇厚厚的、嘴巴大大的，不是很會說話，但說話絕不會刻薄傷人，大山不太會讀書，卻很有繪畫天分，總能畫什麼像什麼，可惜……可惜他來錯了班級！國一的導師是個有所堅持的國文老師，但若是問他堅持些什麼，他肯定也說不明白，說不明白是因爲沒勇氣坦白，坦白承認自己心太小了，所以把小事看大了。

當時國文老師堅持「美」這個字的大腿上，不可以畫上兩根毛，也就是不能容忍有人把美字寫成「美」，大山運氣不好，在製作班級布告欄的時候，湊巧就犯了忌諱，剛開始導師的語氣還算溫和，但是不知怎地，或許是大山太憨厚，也或許是大山長得太好罵了，導師愈說愈亢奮，從一個文字筆畫的破壞，上綱到對傳統文化的扼殺，最後竟然還能延伸到國家民族的覆亡。大山只是個小小的國一學生，哪見過這麼嚴厲的指控，初時他一臉茫然，最後漸漸被罵傻了、呆滯了，終至崩潰了，他泣不成聲地對著老師說：「老師你這樣罵我，我受不了了！」

其實，當時身爲同班同學的我雖然年幼無知，但是對於同儕遭受的凌辱，卻還是能夠感同身受，這一幕因哭泣而顫抖的身軀，已經在心靈刻劃下刻骨銘心的傷痕，這個創傷是永恆的，即使過了將近四十年，大山的遭遇仍然歷歷在目。每次看到憨厚的學生，我就會想到大山，不知道他現在還好嗎？當年的傷還痛嗎？對於當年自己不能勇敢地挺身頂撞老師，總是有那麼一些自責、羞愧和遺憾，當然，即使時光回溯，我可能還是會世故、會怯懦。如今這種遺憾已無可避免地深植在內心，好想幫忙大山減輕這一段傷痕，因爲唯有這樣，我心中的疼痛才會治癒一些。

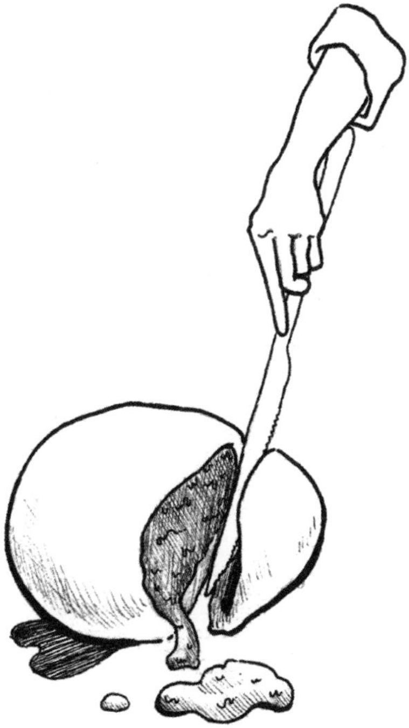

引領學生面對挑戰

國中班上的第一名經常是石頭，石頭的外號來自於他姓石，臉又長成正方形，剃了光頭之後，實在很像一顆石頭。石頭很聰明，沒見過他怎麼念書，卻總是能考第一名，也或許因爲他的聰明，導師特別喜歡他。大概是教國文的緣故吧，導師不時喜歡玩聖人遊戲，有時對著兩位學生說：「這裡有兩瓶飲料，你們自己選擇吧！」若是先挑選大瓶的，導師就會口氣嚴峻地說：「爲什麼不多替別人著想、不多禮讓別人？」石頭很快就看穿了導師的遊戲，只要是問到石頭，他一定面帶微笑率先選擇小瓶的，並且主動拿起大瓶的飲料給另一位同學，當然也就得到了導師的讚賞。

三十年後，有一次巧遇石頭，相約去吃頓飯、敘敘舊，談到當年的聖人遊戲時，石頭深深地嘆了一口氣。

「這個遊戲對我有很深的影響，我也因此付出了相當的代價。」石頭邊攪動著拿鐵咖啡邊說著這一段往事，「我懂得揣摩導師的心理，我學會取巧，學會輕鬆獲得，如果簡簡單單、耍耍嘴皮子表演一下就可以得到想要的東西，有什麼不好？於是我很自然地避開需要努力奮鬥才能獲得成功的挑戰目標，

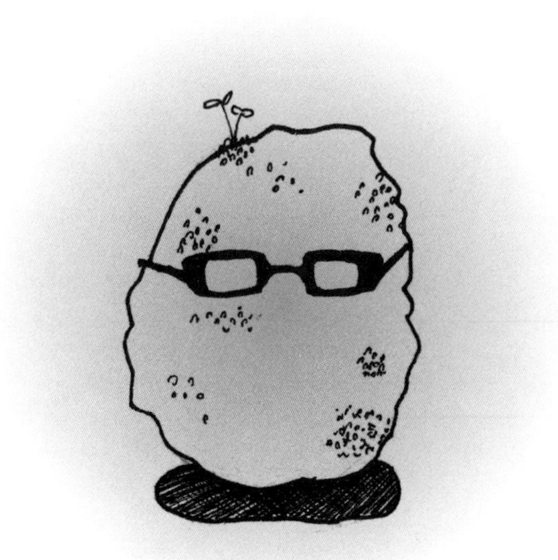

是的，我似乎一直都很『順』，但你看我成就了什麼值得自豪、令人驕傲又可以讓人尊敬的事？沒有！我順到連自己都快看不到自己了，活到現在，盡是搞一些雞毛蒜皮，卻自以為神氣的『小』事。是啊！我或許很聰明，但是我卻憑藉著聰明，讓自己變成一個缺乏經歷各種挑戰，無法淬鍊成具有卓越智慧的人。」

如果當年導師深具智慧，不把石頭的聰明當作樂趣消遣，而是引導學生發覺進一步成長的機會，說不定石頭會從天賦聰穎的驕子轉變為更有智慧、對社會貢獻更多的棟梁。

男生不可以掉眼淚

還記得自己小學一年級的萌樣嗎？不記得的話，小學生放學時去校門口轉一圈，回憶應該就會慢慢回來了。若是依然完全沒記憶的話，根據心理學的研究，那很可能是你的大腦啟動了保護機制，把痛苦的、羞辱的、傷害性的記憶給「抹除」，讓你可以繼續正常且開心地生活下去。

被刻板印象綁架的男生和女生

大部分的小學老師是女老師，男老師總是少數族群，所以小一男孩碰到女導師的機率相當高。傳統社會價值觀裡，總是說男生要勇敢、男生要堅強、男生不掉淚、男生要讓女生……這些論調對某些小男孩而言，可真是個無情又殘忍的說法。

小男孩在陌生的環境裡和小女孩一樣害怕，但是如果表現出害怕的情緒，就會被指正、被灌輸、被催眠——不可以哭、不可以掉眼淚、要勇敢、要像個「男人」……於是男孩從小就被迫要壓抑情緒，壓抑久了也就內化成行爲模式，不但要求自己壓抑，還順便跟著要求別的男孩要壓抑，這一群被壓抑的小男生，開始有人「不正常」，時而不正常的情緒宣洩，沒多久就會被冠上「愛哭鬼」的外號。這種愛哭鬼的稱號與小女孩被叫愛哭鬼有所不同，當小女孩被叫愛哭鬼時，語氣中是帶有疼惜的，可是小男孩被罵愛哭鬼的時候，語氣則是鄙視的、是帶有不堪造就般的惋惜。

小女孩哭了，老師不會急著先問爲什麼，而是先安慰她說沒關係；小男孩哭了，老師則會先問他哭什麼。一旦小男孩回答了，老師會說這有什麼好哭的，於是嘀嘀咕咕地數落了一頓，或是「教育」了一頓。這種狀況次數多了，聰明一點的小男孩開始發現，千萬不能回答老師的提問，因爲那不是眞的問題，那其實是一個陷阱、一個圈套，一個繼續被罵的陷阱，一個害你繼續聽訓半天的圈套。小女孩被欺負找老師告狀，老師一轉身直接責備被點名的小男孩；小男孩被欺負找老師告狀，老師不會輕易理他，小男孩若是繼續糾纏，老師會一臉不耐煩地告訴他，男生肚量要大一點，要學著讓女生。小

Good.

男孩一直很聽話，因爲不聽話就拿不到乖寶寶貼紙，沒有乖寶寶貼紙，就不是乖寶寶。可是，有時候實在受不了，於是稍微不聽話，結果運氣不好被發現，乖寶寶貼紙沒了，老師說小男孩不再是乖寶寶，次數多了以後，小男孩乾脆不當乖寶寶了，最後也可能眞的變得愈來愈調皮搗蛋。

小男孩漸漸長大了，慢慢覺得有些事情很不公平，他不知道該如何表達委屈的感覺，就開始對小女孩說一些奇怪的話、做一些奇怪的事。

小女孩漸漸長大了，慢慢覺得有些小男孩愈來愈奇怪，總是對著她說一些莫名其妙的話、做一些莫名其妙的事，於是覺得沒有安全感，幾個小女孩聚在一起，安全感才能慢慢回來，安全感回來的同時，另一種害怕卻逐漸產生，害怕別的小女孩排擠她，不讓她靠過來。小女孩爲了不被排擠，也和常在一塊的小女孩說著同樣的話，做著同樣的事，一起欺負其他不常在一起的小女孩和小男孩。

融入團體卻渺小了自己

阿芬今年五十歲了，她現在是一名心理諮商師，她告訴我會走上這條路，其實一開始是爲了想治療自己。剛開始念國中時，認識並結交了一、兩位談得來的好朋友，沒多久，發現身邊比較要好的女同學突然變得好冷淡，在走廊遇到不但會刻意避開，甚至還會在背後說些音量足以讓人聽到的「悄悄話」，這種突然被遺棄、甚至強化到背叛的感覺，讓人很受傷、很徬徨，不知道自己哪裡不好，也不確定是不是自己說錯或做錯了什麼。因爲不知道原因，所以也沒辦法「改」，但是總想著該說些什麼或做些什麼來引起注意，結果把自己搞得更糟糕、更可笑，也更沒有安全感。

渴望安全感的需求，讓自己不斷尋求認同、尋求避風港，於是跟著一群女生組成的小團體一起瞎混，小團體說要坐下，自己可不敢有如鶴立雞群般站著，小團體說著某位同學的八卦並到處嘲諷他，自己就算不以爲然也絕不敢表現出來，甚至，有時不知是不是爲了獲得小團體的認同，竟然帶頭嘲諷同學，嘲笑一位男同學體臭、口臭，而且講話的內容都是臭的，那位男同學在長期的排擠、言語霸凌下，漸漸沉默，漸漸變得怪怪的，漸漸遲到、蹺課、輟學……。

阿芬大學畢業在社會上工作多年後，有一天突然在電視新聞中看到曾被自己嘲諷無數次的男同學，竟然拿刀砍殺鄰居。眼睛看著新聞畫面，腦中的記憶卻不斷湧出，記憶中的他其實很溫柔、很有禮貌，但就是因爲太「溫文有禮」，長得一副「很好欺負的樣子」，所以總是被不公平的對待。阿芬忍不住地想，溫文有禮的他爲什麼會拿刀砍人呢？是不是有太多怒氣、太多怨恨？而自己也是曾經傷害他的一分子，手上也沾染了被殺鄰居的鮮血，阿芬很害怕這種想法，卻又不得不這麼想，這樣的想法一方面讓阿芬「生病」，一方面卻也讓她想走上心理諮商這條路。阿芬心裡很清楚，走這條路不完全是幫助需要幫助的人，更是幫助自己走出心靈的幽谷。

責備不是最好的教育方式

老師們大約都感覺到男生好像隨便罵都沒關係，和女生講話就得小心一點。不管這種說法是否有學理依據，但是在教育現場，每次有學生在導師辦公室裡哭得唏哩嘩啦，或是嗚咽啜泣的，大多數都是女學生，很少看到男學生來談情緒問題。男生眞的隨便罵都沒關係嗎？絕對不是！男生第一痛恨的大概就是嘮嘮叨叨地責罵。當男生犯了一個明顯的小錯誤，他其實很清楚自己錯了，但是老師卻得理不饒人，一直重複刺激，只會使得學生情緒激動，

反而偏不聽你的。

第二痛恨的就是無限延伸的教訓。有時老師難免會對某些愛搗蛋的學生有偏見，於是不小心就會發生「看到影子就開槍」的現象，學生的行為只要苗頭有點不對，就判定他一定會如何如何地做錯事，但是事情都還沒發生，當事學生對於這種言過其實和妄加推測的批評絕對無法接受，甚至大為惱火，日後的師生關係恐怕難以回復正常。第三種令男生抓狂的恐怕是當眾責罵。在眾人面前公開責罵，任誰都會覺得難堪，感到自尊心被踐踏，也容易造成破罐子破摔的想法，這絕非是教育者所期待的結果。就算要當眾責備，也要先向即將被公開責備的學生私下說明、溝通。

例如，班上清潔工作總是無法做好，總是有人不把分內的責任完成，衛生股長叫不動所有的同學，很難發揮督導的效用，這時導師可以私下告訴衛生股長：「明天班會的時候，我會公開指責班上同學沒把環境清潔工作做好，也會指責你沒盡到股長的責任。這樣會讓你督導同學打掃時，得到同學某種程度的體諒，你願意承受這樣的公開指責嗎？」當然，如果衛生股長面露難色，別勉強，畢竟責備不會是最好的教育方式，反過來改為獎勵也不錯；班上絕對會有同學把分內的打掃工作做好，那就獎勵他，而且每週獎勵，並公告在班上布告欄。如果懲罰不打掃的同學，會滋養同學心中的暗黑力量；獎勵對班上公務認眞的同學，一來形塑「社會正義」，二來也可避免衛生股長因爲害別人受到處罰而引發同儕間的惡意攻擊。

師道不存久矣

黃老師怒氣沖沖回到辦公室，一進門就怒不可遏地抱怨現在的學生是怎麼回事，同事們趕緊湊過來詢問並安慰他。

要自主卻不願負責

「發生了什麼事呀？」小雀老師關心地問。

「哎！我上課的規矩很簡單，只有一條，那就是上課不可以講話干擾別人學習，至於要不要上課由你自己決定，而且我都是剛開始第一堂課就先把規矩講清楚，免得學生家長說我不教而殺。上個月甲班的一個學生直接躺在地上睡覺，好，我心想你想試探我說話算不算話，沒問題，我一定說話算話，只要你上課不說話干擾別人，我就不會去理你，到了高中如果還要像小學生般讓老師罵來罵去，實在很沒意思。

剛剛上課更離譜，上一次睡在地上的那位學生和其他兩個同學，三個人坐在教室後面的地上一起玩桌遊，玩桌遊不可能不開口，所以嘰嘰喳喳地小聲交談，你看看這些學生，你尊重他，他會尊重你嗎？平常告訴他們不可以這樣、不可以那樣，學生就高呼他們已經是個大人，有權利自主，但你說他是個大人該負起責任時，學生卻又抱怨自己年紀還小，不能負這些責任，眞是一群自私自利、以自我爲中心的混蛋。難怪社會氛圍也是這種德行，平常沒事就抱怨臺灣無法參與國際社會，等到美國拉著我們反對ＩＳＩＳ（伊拉克和沙姆伊斯蘭國）組織，立刻又急著高呼關我們什麼事！臺灣人的邏輯很自我，分糖果的時候就是朋友，搶著要分一份；打屁股的時候就不認識你，請你去找別人。

這些學生平常就抱怨沒人了解他，父母、老師、同學全都不了解他，也不關心他，可是這些人可曾自問：他們關心過周遭的人嗎？他們有了解過旁邊的人嗎？整天就是抱怨別人、要求別人、責怪別人。我其實也很體諒他們，因爲我知道這不完全是他們的問題，每天打開電視，那些名嘴、政治人物個個都是如此，你要孩子怎麼抗拒這種汙染？可是現在這種教育環境，我要怎麼教呢？我經常覺得自己的付出很沒有價值。」一口氣說完，黃老師癱坐在自己的座位上，臉上滿是深沉的疲倦。

洪老師一臉無奈地接續發難：「看來今天眞不是個好日子，剛剛才送走一位家長，這位家長拿了一份『萬言書』給我，裡面列舉了我們班每一科任課老師的教學缺失，並且寫下他認爲正確的教法，洋洋灑灑寫了一大疊，實在是太神奇了，怎麼不乾脆去出書算了。」

「那你打算怎麼處理？」鞏老師在旁邊問。

「怎麼處理！我還能怎麼處理，難道要把每一位任課老師找來，拿著這一疊萬言書向他們加以開示一番嗎？」

「這位神奇萬言書家長是做什麼的？」鞏老師接著問。

「他是某國立大學的教授，他的專業我尊重，但是他對每一科該怎麼教都言之鑿鑿，這就太超過了，有尊重別人的專業嗎？」

上下交相欺的制度

鞏老師聽完大家的抱怨，很感慨地說：「許多老師都抱怨師道不存久矣，其實當今社會何止師道不存，各種『道』大約都離體存神滅之境不遠矣。鼎泰豐端出好的服務，收費比較貴，就有人跳出來批評，但鼎泰豐的員工薪資比較高，大家覺得好不好呢？去過日本旅遊的人都會稱讚日本人的服務態度眞是沒話說，甚至親切和藹地跪著爲客人添飯，但是吃一餐飯每人收費臺幣四千元，大家覺得合理不合理呢？回到臺灣若是客人付費三百元，給你的時薪只有一百二十元，還要你面帶笑容跪著添飯，你肯不肯呢？

到倫敦看《歌劇魅影》（*The Phantom of the Opera*）表演，一張最便宜三樓角落的票也要價臺幣一千多元，大家買機票飛到倫敦再貴也看，但是國內的表演經常免費還沒人看，或許正是因爲免費，所以讓觀眾輕忽了表演者的付出與專業。藝術表演、演講經常應各種基金會的邀請演出，演出時主辦方幾乎不對觀眾收費，一方面你可以說這些基金會推動文化與教育的精神令人感佩，另一方面你也可以說這些基金會壓榨文化、教育界人士來獲取自己的名聲與延伸好處。當大眾習慣看免費的表演、聽免費的演講之後，還剩下多少人會去購票看表演、聽演講？許多藝術與教育界的專業者就這樣沒尊嚴的苟延殘喘，那麼還有多少人願意追求卓越呢？

教育界『追求公平』的思維模式已經到了病入膏肓的境界，老師不論教得好或壞都是一個價錢，不適任老師領同樣的薪水而且無法汰除，大家還得想辦法安插『閒差』給他，免得被他教到的班級，家長的投訴電話接個沒完，對待這樣的不適任教師，大夥倒像是侍候大爺、貴婦般捧著。然而認眞負責的老師，教出口碑之後，學校拚命塞課給他，這種老師若是做死叫做活該，不但薪水一樣，有些老師還會在背後冷言一句『他厲害啊』！

某教育部長不是沒想過應該讓追求卓越又努力不懈的老師提高薪資，這麼做除了獎勵以外，更有帶動正面循環的意義，但是有些地方教育局長卻帶頭反對，許多校長也跟著反對，你看看那些反對的人是怎樣當上校長的，靠的是教學卓越嗎？那些人就是不會教，也無心教學，卻很會與人套交情、拉關係，一心專注於建立人脈，才能當上校長；他們根本瞧不起努力教書的老師，因爲心裡很清楚，這一群致力於教學卓越的老師壓根也看不起他們。某些地方教育局長爲什麼反對呢？檢視一下這些局長的前身，也是一群致力於建立人脈關係的教授兼院長，在他們心目中，各校校長的分量遠遠超過所謂教學卓越的老師。『提高教學卓越老師薪資』這種議題對於這類型教育局長而言，他可以說出一萬個理由來反對，但是核心理由只有一個，那就是『很麻煩且不重要』，不重要的原因在於，做這種事與他廣結『高層』人脈的思維習慣完全無關。」

聽到這裡，林老師也接著發言：「說到研習，不論是教育高層還是學者專家，亦或是家長團體，沒有不認同的，因爲教師唯有不斷學習成長才能把教育事業做好，所以大家都很支持。但是談到錢大家都是兩手一攤，這事就沒人管了，儘管大家都知道演講費用不合理，但是妙就妙在這裡，社會氛圍是我的薪資還沒漲之前，別人都不可以漲，於是沒人肯頂著槍林彈雨慷慨就義。雖然大家都能理解這樣的心態，但也都不滿意現有的演講費用。以時間來計費也是一個問題，我經常去各地演講，眞的比較喜歡二十分鐘的演講，但是制度不允許，主辦單位會說至少要講一小時，甚至勸我兩小時較佳，朋友還會好心提醒我，你這樣講一小時怎麼划算？

大家都愛看TED演講，爲什麼？因爲內容精采，不會浪費時間聽一些冗長的贅詞。TED有許多大師級講者來演講，這些世界級大師的演講時間有多長？十分鐘到三十分鐘。不管是震撼人心的演說，或是一個極其複雜的醫學發現，需要多久時間講清楚呢？最多不過三十分鐘罷了！國內的各種研習，說實話，多數研習總是讓人昏昏欲睡，有些研習甚至爛到讓人憤怒，當然一場研習的品質好壞，講者要負最大的責任，但是試著從制度的觀點來看這種現象，學校的研習都是以小時爲單位，到任何一所學校進行演講，必然是一小時起跳；講者就算勉強訂定一小時演講，主辦學校與聽講老師還不見得答應呢，因爲主辦者認爲聽講老師們大老遠跑來學校，若是只有一小時，老師們一定會有微詞。於是許多明明十分鐘就可以講完的東西，硬是講成兩小時，內容當然是灌水，左拉右扯只要有些關係的資料都塞進來墊時間，其實這是何苦呢？

講者講得不緊湊又冗長，聽者聽得辛苦又無趣，眞的是上下交相『欺』。爲何經常訂定兩小時演講呢？和演講費用有關係，若是校內講師，一小時演講費是八百元，校外講師則是一千六百元，校內講師如果比照ＴＥＤ模式講二十分鐘，只能領兩百六十六元，就算是校外講師也只能拿五百三十三元，各位想想，這種費用有誰會來呢？稍微有點名氣的專業人士若是來了，靠的是賣面子、賣熱情，但是面子與熱情能賣多久？當然上有政策，下有對策，許多學校請講師來都會把時間盡量寫長一點，例如，講一小時再加上問答時間，就會申請兩小時的演講費。

許多民間企業和基金會更狠，請講師說個二十分鐘付費一千六百元，還強調比公家訂定的標準高，問題是講師得從臺北、臺中或高雄各地來回跑一趟，跑一趟學校演講最起碼還有三千二百元可拿，這些民間企業與基金會擺明占便宜，還要說得彷彿給了恩賜，一副『邀請是看得起你』的樣子，眞不知是侮辱還是抬舉。」

小葉老師接著補充道：「還有呢！每次學校請來的講師都是爲了行政人員的公關需求，只在乎講者的『位置』，根本不考慮演說內涵，請來的都是一些頭銜很好聽的人，本質上學校研習是精進教師學能，實際上卻變成行政主管公關與政治交誼平臺，學校老師與學生還得耗費生命和時間把自己變成『道具』擺飾。」

我常納悶，若是ＴＥＤ的講者來臺灣，我們會怎麼付他二十分鐘的演講費呢？一千六除以三，五百三十三元嗎？演講濃縮在二、三十分鐘是困難的，那必須精心策劃、去蕪存菁，反倒是隨便準備、隨便聊聊會容易得多，但是現有情況卻是鼓勵講者和大家隨便聊聊，聊愈長領愈多，而講者精心策劃的三十分鐘演講，目的是幫大家節省時間，卻只能拿數百元。這是觀念害人，會計制度害人，可是修改這些制度眞的有這麼難嗎？理想中的研習，應該是全程兩小時，但是要有三位講師，每位講師發表三十分鐘，每兩位講師中間休息十五分鐘，「至少」該付每位講者講師費三千元，若是知名講師，更應該以使用者付費的觀念對聽講者收費來補足講師費。

自重與尊重

洪老師此時再度發言：「家長跑到學校裡熱情指導老師該如何教學，是覺得老師的教育專業沒有比他好嗎？也許某些觀念不比這位家長，但要說每一科教學經驗都沒他好，這也太傲慢了！在路上開車時，某些駕駛經常不高興地指出交通警察根本不會指揮交通，是認為交通警察的車流控制專業沒自己到位嗎？或許交警在當下指揮時犯了些錯誤，但不代表沒有專業，批評者在工作上也會犯錯，難道也代表沒有專業嗎？社會充斥批評，聽聞醫療糾紛，許多人覺得應該讓醫生坐牢賠錢；看到自己喜歡的政治人物被法院判刑，許多人覺得司法不公；專家根據科學文獻制訂了食品藥物的人體容許範圍，普羅大眾卻覺得某些政治人物更專業，因此堅持一定要『零』檢出。有些媒體還有社會良心，堅持製作專業的報導與評論，但是收視率卻很低，大家為何不看？多數媒體為了收視率、為了生存，只好徹底色、腥、羶，附帶『加工製造』新聞，點閱率經常破萬，大家邊罵卻邊看邊分享，就是忍不住要點閱，如何期待媒體變得『優質』？」

日本有個節目《電視冠軍》非常受到大眾歡迎，該節目招募各行各業、各項專長與興趣的人才，聚集在一起進行一系列的比賽來爭取最後的榮譽。過程中看到選手尊重自己的專業，不斷精鍊自己的能力與技術，參賽過程中更可以看到一山還有一山高，最後在眾多高手之間獲得冠軍的人，無不讓人敬佩三分，冠軍得主不僅獲得個人的榮耀，更獲得眾人對他專長的敬重。

於是乎，日本社會中有各種達人，拉麵達人、米果達人、番薯達人、剪紙達人等，各行各業都有達人，達人們帶動社會尊重專業，在專業者自重與他人尊重專業之下，馬路變得很平整，人孔蓋與路面齊平，計程車光鮮亮麗不奇怪，連垃圾車、砂石車的車體都閃閃發光。其他像是《神之雫》裡介紹紅酒，《夏子的酒》發揚日本清酒，《登峰造極》從攀岩運動闡述人在社會中的挑戰，這些漫畫作者爲了懂酒、懂攀岩，甚至花了數年時間去學習製酒、品酒與攀岩，接著才完成作品。這些殫精竭力、嘔心瀝血之作大多能名利雙收。如此場景鼓舞著有相同企圖的年輕學子，願意以前輩們爲榜樣，向著自己訂定的目標邁進。

社會整體的運作需要尊重，對別人不尊重，其實等於是把自己的格調降低，也是對自己的不尊重。尊重別人是一種教養，維修人員來家裡幫忙修電器，離開時主人送至大門口，除了說謝謝、再見之外，如果能稍等維修人員走了五秒後再輕輕地關上門，維修人員會感到被尊重，因而覺得很溫暖。不過，如果僅是皮笑肉不笑的儀式性行為，對方也會察覺得到那種輕蔑之意。有一次張老師被邀請到校長室，與曾在中國大陸一起吃過飯的官員打聲招呼，當張老師出現在官員身邊時，對方禮貌地起身握手寒暄，旁邊的家長會會長不知來者是何方神聖，連忙也起身互遞名片，一看到張老師遞來的名片時，當下面無表情，背過身子丟下一句：「喔……原來是學校老師。」家長會會長這不經意的小動作，不只讓張老師感到被輕蔑，也讓官員嗅到他對人情世故處理得不夠細緻，間接貶低了自己的身價。

要求權利也要學會負責

「現在的學生特別強調校園民主，卻忘了擁有民主的人該有的責任，如果一個人對自己、對社會都不負責任，卻只會強調自己的權利，那根本就是無賴行徑，事事要求別人負責，自己卻任性而為，這是什麼道理？社會大眾要求老師上課要認眞，教材要充分準備，教法要活潑、以學生爲本，非常好！這些本來就是老師的責任。那麼學生的責任呢？課堂裡學生睡覺的睡覺，吃零食的吃零食，可不可以叫他起來？可不可以禁止吃零食、吃便當、喝奶茶？如果學生不聽勸，可不可以請他出去？老師可有任何手段和支援？這樣的學生遍及全國，大家故意忽略，繼續驕寵，繼續媚俗。在大專院校，這類無賴學生還可以評鑑老師，爲什麼？因爲大學已經成爲營利事業單位，學生是金主、是顧客，顧客至上這句話沒聽過嗎？所以學生再無賴也沒關係，有無賴的學生總比沒有學生導致學校關門來得好，眞是一幕有交錢我就不分類的荒唐鬧劇。」洪老師感嘆地說著。

社會教育更是荒腔走板，偶爾一個人犯了錯，整個社會便集體霸凌他（她），美其名爲社會正義。家庭教育繼續接棒，爸爸、媽媽看著電視，跟隨名嘴用盡各種辱罵方式修理螢幕中那位根本不認識的「該死的傢伙」。孩子看到爸媽表演如何用語言霸凌別人，到了學校就有樣學樣，碰到好欺負的同學也會輕易地羞辱別人，如果碰到不好欺負的，有可能反而被別人語言霸凌，家長若是知道自己的孩子被霸凌，絕對抓狂到校要求必須有人負責，這些家長根本沒有意識到自己是否負了應盡的責任。

校內有個學生曾經糾眾動手圍毆外校的一位學生，通知家長到校處理後，這位糾眾打人的學生的父親，一進教官室就走到自己孩子身邊，二話不說便一拳打在孩子頭上，所有在場教官和老師都被突如其來的舉動嚇了一跳，當時糾眾打人的學生握緊拳頭、眼中噴火、臉部肌肉扭曲的畫面，還歷歷在目。那一刻突然大家都懂了，這孩子的行爲根本就是父親的翻版嘛！不解決父母的問題，孩子要怎麼教呢？教孩子是老師的責任，那麼教「孩子的父母」該是誰的責任呢？曾國藩曾說：

社會大亂之前，必有三種前兆：第一，無論何事，均黑白不分；第二，善良的人，愈來愈謙虛客氣，無用之人，愈來愈猖狂胡為；第三，問題到了嚴重的程度之後，凡事皆被合理化，一切均被默認，不痛不癢，莫名其妙地虛應一番。

曾國藩死後二十年，大清朝終於灰飛煙滅，而如今，類似的劇情還是天天在大家眼前上演，實在不想見到自己的孩子與學生，身處在這樣一個亂世之中。

老師不該做的事

大師兄和二師兄發生激烈爭吵，吵完之後，大師兄跑去找師父評理，大師兄告訴師父說，二師弟是如何的可惡，師父聽完之後說：「嗯！你是對的。」大師兄於是開心地離開。過了不久，二師兄也跑來找師父評理，師父聽完了之後，對著二師兄說：「嗯！你是對的。」在師父房門外掃地的小徒弟看到了整個過程，心中感到大惑不解，忍不住跑去問師父：「師父您說大師兄是對的，後來又說二師兄是對的，怎麼可能兩個人都是對的呢？一定是一個人對，另外一個人錯啊！那麼到底誰才是對的呢？」師父對著小徒弟說：「嗯！你是對的。」

立場與觀點

上面這個故事是一個流傳廣泛的禪學故事，該怎麼解釋，就看要站在什麼立場，或是對人生有多少體悟。換個角度說，許多的爭執只不過是立場不同罷了，並沒有誰對誰錯的問題。

說完故事的洪老師，發現學生的眼神充滿著迷霧，顯然並不清楚這個禪學故事所要表達的內涵，於是洪老師隨手拿起一個板擦，將板擦有文字的那一面對著學生，接著問學生：「如果請你們描述所看到的板擦，你會怎麼說呢？我想你會說，它是用紙做的長方形物體，表面有白色文字且底色是黃色。你相信你說的是眞理，因爲你相信自己看到的是事實。」

洪老師繼續舉著板擦，「存在於你我之間的板擦，如果讓我來描述，我會說板擦是長方形這一點我同意，但它絕對不是用紙做的，很明顯地，它是用布料做的，而且表面並沒有文字，只有各種顏色的粉灰黏附在上面。如果各位僅相信眼前所看到的事實，必定會認爲老師是睜眼說瞎話；如果我也只相信眼前的事實，同樣會覺得各位根本就是無理取鬧。假設我們都很堅持，一定會爲各自所相信的眞理吵得不可開交。」

說完後洪老師將板擦翻轉過來，「現在各位看到我剛剛所見的板擦的另一面，而我也看到了各位所見的另一面，你我應該都會恍然大悟，原來對方說的也是事實。那麼，剛剛的爭執到底誰對呢？你可以說都對，因爲我們都在敘述著所看到的事實，既然都對，那爲什麼還會有爭執呢？因爲你我都沒有站在對方的立場來看眼前的板擦。這就是爲什麼我們要受教育的目的之一，透過教育，我們學著從不同的角度來看一件事，當我們能夠比別人運用更多的角度來看一件事時，就是這件事的專家了。如果社會上每一個人都能用不止一個角度來看事情，那麼許多不必要的爭執肯定是會減少的。」

別縱容自己當兼差心理諮商師

羽平是班上的特殊生，雖然是男生，長相卻清秀得像女生，說話、動作也很斯文，大概是因爲這樣，所以常常被同學背地裡嘲笑「很娘」。羽平有一次走過欣雅的座位旁邊，不慎把欣雅最心愛的保溫瓶打破了，當時欣雅並不在場，因此不確定情況是不是如同羽平所說的「不小心」，或者根本就是存心不良，因爲羽平「很怪」，說不定他是故意打破。欣雅告訴同班好友這個想法，好友又告訴班上其他人，說羽平絕對是故意的，同班同學間開始互傳羽平「最愛故意」打破別人的東西；社團課不同班的好友會聚在一起聊天，羽平的話題再度「不小心」被提起，使得他在同學閒話中，變成了一個看到漂亮女生就會很變態地去破壞人家東西的神經病。

這些話語有一天終於傳到了導師的耳裡，導師很驚訝怎麼會有這種事情，趕緊找羽平來談談。羽平聽到老師轉述「欣雅認爲你故意打破了她的保溫瓶」這句話時，感到老師偏心欣雅（若老師是以轉述的語氣說：「欣雅告訴我，你故意打破她的保溫瓶，這是她的說法，我現在想聽聽你的說法。」羽平會感到被公平對待），於是在敘述這件事時，不自覺地產生了防衛心，措辭帶有攻擊性，而這總會夾雜著不少難聽又偏頗的言辭，導師也很自然地將偏頗、難聽的部分延伸，開始糾正羽平需要注意口氣，說話要有同理心等。

當學生之間發生衝突，通常老師都不會在第一時間知道，也就意味著摩擦已經進行了一段時間，不論是透過何種方式知道，老師都未必全盤了解衝突雙方的爭執過程，如果斷然介入衝突，並且當一個「仲裁者」，反而可能引發出更多的「未來衝突」。學生需要的是可信賴的傾聽者，可信賴的關鍵是要讓學生相信老師絕對不會將他的話和別人講，當然更不會稍微包裝後貼在Facebook公諸於世。老師若有機會，可以適時當個不同觀點的引導者，這個機會不一定會出現，若是沒機會，千萬別「驕傲」地自認很專業而不斷說教，不斷「灌輸」觀念，一旦忍不住說教，立刻會從傾聽者轉變成惹人厭的嘮叨者。

老師若是稍稍縱容自己擔任起「心理輔導諮商」的工作，那將會是一個「大膽」而「高風險」的舉動。心理輔導諮商是一門專業活，非擔任心理諮商輔導的老師承認自己不是這方面的專業乃是天公地道，沒什麼好慚愧，再說導師與導師班的學生有相當強的連結關係，基本條件上就已經不適合擔任學生的心理諮商師。老師該做的就是傾聽，說白了也就是讓學生倒垃圾，垃圾倒出來了，就加以分類一下，若判斷屬於細菌嚴重滋生，已經腐敗到會傷害身心靈，就轉介到輔導室，是的，就是只有這樣！這是尊重輔導專業，就像輔導老師不會來教國文、英文、數學一樣。那麼，如果輔導老師的專業也不足呢？別擔心這一點，至少輔導老師擁有比一般科老師更多的管道可以再轉介出去，有更大的機會能找到正確的人來幫助孩子。

該不該問「為什麼」?

老師說「爲什麼」這三個字的頻率，通常都比學生還多。
學生：「老師我今天遲到了。」老師：「爲什麼？」
學生：「老師小東剛剛打我。」老師：「爲什麼？」
學生：「老師我作業忘了帶。」老師：「爲什麼？」
學生：「老師我明天要請假。」老師：「爲什麼？」
學生：「老師我好難過。」老師：「爲什麼？」
學生：「老師我想自殺。」老師：「爲什麼？」

多數從老師嘴裡說出的爲什麼其實無關痛癢，但是有些時候就眞的別再問爲什麼了。黃老師是個媽媽型老師，對學生的關懷就像媽媽一樣，總是繞著學生周遭打轉，無論大小事總會事事叮嚀。一日，黃老師正在批改學生作業，一位導師班的學生跑來，臉上滿是憂鬱，彷彿把「我有狀況」四個大字寫在臉上，接著坦白地對導師說想去死了算了。

關鍵時刻來了，這時黃老師可不要問：「爲什麼想死？」本來情緒瀕臨崩潰、腦袋渾沌，整個人處於當機狀態的可憐學生，經過這麼醍醐灌頂的一問，頓時開始整理思緒，開始回應老師的提問：「是啊！爲什麼要自殺呢？因爲我不知道什麼時候才會停止這樣的恐懼和不安，停止這樣無止盡的絕望，當別人告訴我自殺不能解決問題時，我想問，你有方法讓我現在不要再崩潰、沉淪下去嗎？你有方法立刻終止絕望嗎？」老師能有方法嗎？當然不可能有！

因此黃老師這時不如直接說：「你已經決定好什麼時候要自殺了嗎？你打算用什麼方式自殺呢？」此時的首要關鍵得先確定學生是否有了自殺計畫，如果計畫又詳細又明確，那就有高度危險性。學生會跑來找老師，那是伸手求救的訊號，趕緊帶著學生去校園走走（別管下一節是否要上課或是要開會），邊走邊聊，問他一句「怎麼了」，會讓學生溫暖一點，不論學生說了些什麼，千萬不要以「同情」、「鼓勵」來回應，例如，「雖然你很難過，但是你想想有人一出生就沒了雙手呢？」或是「想想你爸媽和朋友會有多傷心？」想自殺的人通常都想負很多責任（但是承擔不了），這麼說只是加重他的責任與罪惡感，說實話，這種回應很少會讓事情變好。

老師如果「經驗足夠」的話，可以用同理心來強化連結，連結才是幫助想自殺學生的藥方，老師千萬別認爲同理心很簡單，同理心是種容易讓自己受傷的選擇，爲了「感同」且如同「身受」，老師必須連結到自己內心中能理解同樣感受的事情，這個過程經常會觸碰到自己想遺忘的記憶。不過，許多老師從小到大一路備受關懷，成長過程中或有挫折、沮喪，但是還不到「無止盡的絕望」，所以要做到精準的同理心，實在是有困難，因此還是讓學生盡情地說話宣洩就好，再陪學生一起走到輔導室，讓輔導室來協助接手處理。

再回到老師愛問爲什麼這個議題，老師問學生爲什麼，學生只好想個答案給老師，所以當老師問學生：「你爲什麼遲到？」學生不會坦白地說：「因爲我很懶。」反而會回答因爲路上塞車、因爲出門時肚子痛、因爲鬧鐘壞了……反正就是找個老師雖然不太相信，但是勉強還能接受的答案。就算學生很誠實地說遲到是因爲太懶惰，老師會因爲學生的誠實而感到滿意嗎？大多數應該不會，不但不會，還會依據學生的口氣而有兩種可能反應：若是學生語氣平和不帶表情地述說，老師會覺得那是在「嗆」，反而更加憤怒，憤怒之後可就沒好話囉，學生也不會有太好的回應。若是學生語氣柔弱、表情慚愧地述說，老師會覺得有必要負起責任好好教教這孩子，常常這一說就是長篇大論，說到孩子眼神恍惚、靈魂出竅，至於效果如何，大家心知肚明。

學生遲到了，若是屬於很少遲到的學生，直接微笑地對他說：「你很少遲到喔！」就夠了。因爲很少遲到的學生有一定的自我要求，「你很少遲到喔！」這句話對這樣的學生就已經很強烈了。如果是經常遲到的學生，通常是家庭生活規範差，或者親子互動有障礙，或是找不到來學校上課的動機。如果是家庭問題，老師無法取代父母，也無法改變父母，但是可以在學生的心中種下一顆「想要更好」的種子（別忘了種子發芽需要一段時間）。若是動機問題，那就得釐清學生不想來學校的根本原因是什麼，如果是霸凌，那當然就要處理班上的問題，如果是因爲學生想上的大學躺著都能上，他認爲到學校上課的意義不大，還不如寫寫歌詞、練練吉他，更能讓人生成長，那就是屬於制度性與個人興趣問題，老師能著力的地方就不多了，唯有激發學生挑戰更好學校的欲望，這當然很難，但也是最能考驗教師的地方。

不要問誰「欺負」你

小晨的父母管教很嚴厲，當小晨做錯事時，除了嚴厲制止，還會長篇大論講道理，告訴小晨背後的原因。小晨很聽話，也把父母的行爲準則加以內化，所以當他與同學相處的時候，同學若是犯錯，小晨也會很嚴厲地指正，同時說出長篇道理，這種狀況使得同學不喜歡小晨，有些男同學是非常直接地嗆小晨，對於這種態度，小晨倒覺得還好，因為父親比同學更嗆；不過對於女同學的集體排斥，小晨就感到難以忍受了，這是一種無影無形的情緒虐待，於是小晨開始不斷討好大家，但是愈討好地位就愈低，討好行為等於把自己確確實實地擺在隨時可以被羞辱的可憐小跟班位置上。

當導師的人，大約都經歷過學生突然哭哭啼啼跑進辦公室的狀況，這時導師千萬別問是誰「欺負」你，因為這樣等於一開始就直接把問題定位在黑與白、是與非、對與錯的二元對立思維，學生之間發生摩擦本來就是他們來學校的目的之一，學校教育的重點本來就在引導學生思考該如何處理摩擦，若處理摩擦失控，則再更進一步地學習處理如何解決衝突。因此一步一步來，一開始先直接問「怎麼了」，了解片面的說法後，再逐步從不同學生的個別談話裡，拼湊出較完整的面貌，核心方向是找到關鍵性的學生做個別的「引導」，並創造出學生們可以自行努力解決問題的空間。

「自行努力解決問題」非常重要，這就是學校教育的主要價值之一，若是費盡脣舌一個個「教訓」，或是全班一起集體教訓，只會弱化學生間的情感，強化個別學生間的對立，並且創造出更多不必要的微妙裂痕，而且也剝奪了學生學習成長的機會。

別化身為名嘴

做一行怨一行，老師這個工作也是一樣，老師們幾乎毫無例外，經常會對教育政策、學校行政、校長和同事有滿肚子的抱怨。這些怨言若是同事間的閒聊無可厚非，再說互相刺激求進步或是互相漏氣消火氣也算是一種健康管道（笑）。但若是在教室裡對著學生，上從總統、部長，下到校長、主任，模仿名嘴的口吻，用腦殘、白痴、智障、混蛋、人渣等詞語一路狂罵，以求「正義」與「尊重」，這種情況並不值得鼓勵。

老師口中的正義，若能像哈佛大學政治哲學教授麥可．桑德爾（Michael Sandel）的著作《正義：一場思辨之旅》（*Justice: What's the Right Thing to Do?*）中那樣的精神，帶領學生思考你的正義未必是我的正義，從正義的辯證中，引導學生理解以道德參與的政治不僅僅是一種更加激動人心的理想，它也爲一個公正社會提供一種更有希望的基礎。若老師談論正義是以政治立場決定正義的方向，那麼這堂課最大的價值恐怕就在於，向學生示範一個擁有錯誤價值觀的人是如何假借正義，不要認爲學生不懂，學生經常比老師想像得更成熟。

狂罵的行為本身已經展示出對人的極度不尊重，骨子裡其實還是一種不吐不快、罵完很爽的自身情緒宣洩，對頭腦清晰的學生而言，如此身教倒是成了一種負面教材。學生私下還會相互走告，某某老師的課別吐槽，老師的情緒很容易激動，別讓老師發飆了，不然大夥都會很「煩」。這樣的情境也是一種諷刺，照理說應該是老師要包容學生的情緒，可是情緒暴走的老師卻訓練學生得戰戰兢兢地「照顧」好老師的情緒。

總統是腦殘、部長是白痴、校長是混蛋、主任是人渣，如果學生全部認同，那正常的反應應該是極端憤怒與失望，覺得自己根本就活在一個沒有希望的爛學校，以及一個無可救藥的爛國家裡，情緒高亢一點的學生會變得偏執、充滿仇恨，情緒低落的學生則變得消極、失去奮鬥目標，反正國家已經爛成這樣還努力什麼，倒不如重視個人利益，多點玩樂、多點小確幸就滿足了。令人發噱的是，老師先把學生的視野引導到一個絕望的未來，接著再叫他們努力用功、奮發向上……，這實在很像玩整人遊戲。

換個場景，如果老師將重大社會議題的形成背景，包括過去的社會概況、歷年的政府政策、關鍵性政府首長的決策內容、民間曾經組織過的抗爭運動加以說明，再引導學生尋找其他國家曾經發生過的類似社會議題，並了解他國的政府是如何處理？民間又如何訴求？各方協商的結果又是如何？不過礙於課堂時間不足，大概很難讓學生分組充分討論，但可以用平時成績加分的方式，鼓勵學生回家做好準備，自覺準備好了就可以隨時舉手上臺做三分鐘的心得分享；學生分享時以碼錶計時，絕不可超過三分鐘，這樣也可以順便訓練學生重點摘要與組織能力。經過這樣的引導，相信學生會對社會議題開啟「多面向」思考的思維方式，而多面向思考正是一個現代公民應該具備的能力。

過分稱讚反而害學生被孤立

許嘉惠是班上成績最好的學生，導師很喜歡她，經常在班上公開稱讚她，可是班上選班長、選優良學生都不會找嘉惠。說實話，嘉惠在班上的人緣不太好，她並不是一個討人厭的學生，也不是同學口中所謂的無腦白目。之所以會被同學孤立，主要是因爲新生入學時，同班同學彼此都還不熟悉，老師看到嘉惠上課非常認眞，因此特別喜歡她，一直在班上公開說嘉惠眞聰明、嘉惠很認眞、嘉惠這個好、嘉惠那個棒，讓嘉惠瞬間成了大家的眼中釘。如果嘉惠再聰明一點，聰明到足以了解老師的稱讚與寵愛，會給自己帶來一堆敵人和不必要的麻煩，或許可以私下和老師溝通自己的憂慮，只是這是一件非常不容易而且超齡的任務。

從老師的角度來說，成績優異的學生實在不需要刻意錦上添花，學生有驕傲之心時，需要適時提醒虛心的重要（當然老師能力必須夠強大，才能服人），學生有狂妄言行時，需要適時喚起同理心，學生有自掃門前雪的態度時，需要適時教導吃虧也是占便宜的哲學。

班上成績落後的學生反而才需要老師刻意從旁關注，對於成績落後、自信心不足的學生而言，老師一句鼓勵與肯定，有時會讓學生一輩子記住。有些成績落後的學生根本不適合走升學之路，卻又因為能力與信心不足，無法知道自己該何去何從，他們迫切需要老師指引一條「成就自我」的道路，每當這類學生聽到老師贊同他們去當廚師、美髮師等技職訓練的選擇時，你會看到他們的臉上突然有了光，眼睛都亮起來了，覺得生命終於有了一線希望。希望是一種能量，可以點燃年輕學生對生命的熱情，希望加上熱情，你會看到平時暮氣沉沉、上課總在睡覺、考卷總是空白的學生，開始願意吸收知識，願意學習他想要的資訊，開始積極尋找一條適合自己的人生道路，開始眞正關心自己！

四年級生的懺悔

若要說臺灣這一代四年級生最大的過錯之一是什麼？那就是錯誤的家庭教育。

不信任制度的家長

簡平成從小功課就好，不過平成並不是天資聰穎的小孩，他的優秀成績都是靠著苦讀而來，雖然成績讓平成得到成就感，但是同時對於自己消逝的珍貴青春感到遺憾，甚至有一股憤怒的情緒在內心深處醞釀。一路經歷建中、臺大，再接著公費到國外留學，親身體驗到美國教育的自由，更是燃起久久隱藏在心中的憤恨。拿到博士學位回到臺灣後，因緣際會發現自己有機會可以影響教育的政策方向，於是趁著機會一股腦兒把他所認識的美國教育方式引進臺灣。這個舉動的背後，到底是因「恨」多些，還是因「愛」濃一點，平成自己也未能分得清楚，但是他很明白其中的動機之一是，實在不願意看到自己的孩子經歷他小時候所承受的苦楚。

像平成一樣的四年級生並不少，這些四年級生有能力一點的就把孩子送到國外，能力稍差的，抱著愧疚的心，將孩子送到森林小學；他們心中的想望是把孩子送到國外、送到森林小學，孩子就能解脫，就能「快樂」地學習成長，這些四年級父母也就從孩子身上得到補償，因而滿足了。

四年級生的平成，對制度是「極度」不信任，而他的孩子在成長的過程中，想必從父母輩的言行中體悟並內化了這些價值，從過度的批判乃至凡事皆批判，孩子的生命中幾乎沒有任何典範可學（偶像歌手倒是有）。到了學校裡，上至校長，下至老師，人人皆可罵，大到校舍、學校政策，小到課表、班長意見，事事都能怨，這是「家教」所教化而成，平成忽略了，孩子這般地抱怨、批判，要如何才能在學校、師長和同學身上學到東西？基本上連「做人」都出了問題，進了社會抱怨環境，進入職場抱怨工作，連在海邊踏青被瘋狗浪波及都可以抱怨政府；甚至回到家裡，對只是一時忘記給零用錢的平成口氣不善，如此不知感恩的孩子，最後連父母都會心寒吧？

平成經常問自己，到底希望自己的孩子會長成什麼樣的孩子呢？多數父母第一個盼望的應該是孩子能夠負責任，但是要如何教出負責任的孩子呢？

首先，要把遊戲規則講清楚，告訴孩子哪些項目是他的責任，責任盡完了才能有收穫，例如，小學一年級階段，早上起來要疊被子和刷牙，被子疊好了、牙也刷了才能吃早餐，沒有完成就沒早餐吃，簡單又清楚。若是拖拖拉拉，耽誤上學，那就讓孩子餓著肚子去學校，受到經驗教訓的孩子明天一定不會拖延。許多父母在這種狀況下是一邊罵一邊幫孩子做，做完了順便威脅警告一句「你再不如何如何試試看」、「你給我再如何如何看看」，這種做法有幾個壞處。

第一，「一邊罵」意味著親子關係持續惡化，而且會降低孩子的自責力道，到了一定程度，孩子就變得沒有責任感，因爲心裡覺得都讓爸媽罵了，表示已經付出代價啦。

第二，「一邊幫孩子做」根本就是剝奪了孩子學習的機會，也是延後孩子犯錯的可能，這些錯誤發生的時間點愈向後延，將來孩子犯錯後付出的代價愈大，機會成本愈高；同時，也等於剝奪了孩子去完成一件小成就的機會，孩子在成長過程中的自信，多數是來自於這些點點滴滴的小成就。

第三，「你再不如何如何試試看」這句話很怪，年紀小的孩子不見得明白你叫他試試看的意思，其實是不要去試。「你給我再如何如何看看」這句話的麻煩在於「給我」，彷彿不去做某事是和你相關，但不關孩子的事。例如，媽媽說：「你給我去念書！」去念書似乎是爲媽媽而念；爸爸說：「你給我去寫功課！」好像功課是爲爸爸而寫；學校教官說：「你再給我遲到看看！」遲到似乎是與教官很機車有關，與遲到的學生未盡好學生本分好像關係不大。如果使用「去念書、去寫功課、請準時到校」，都更直截了當、言簡意賅得多，何苦用上「給我」這種情緒性字眼呢？

以指引與鼓勵代替懺悔

平成是個肯學習的人，慢慢地了解原來自己對孩子的一些說話方式，其實充滿了情緒，但爲什麼和孩子說話總是會有情緒呢？工作太忙、太累，還是眞的看孩子不順眼？平成內心深處其實不得不承認，有時他眞的看孩子有點不順眼，但孩子是自己親生的，血濃於水，怎麼會有看不順眼的感覺呢？再仔細想，他是看孩子不順眼，還是看已過世的父親不順眼，抑或根本就是看自己不順眼。孩子像一面鏡子，身上總是投射出平成的影子，甚至隱約能看到平成父親的魂魄，又或許平成看到了與他感情不太好的妻子身影。

小東是平成家中的第一個孩子，也是唯一的兒子，小東還有一個妹妹，加上爸媽，一家四口人是個標準的小家庭。平成很疼孩子，自己小時候沒有得到的東西，都會盡量滿足孩子；從另一種角度來說，也帶有補償自己小時候缺這、缺那的感受。兒子去當兵時，由於無法接受軍中通訊兵的勤務訓練，打電話回家哭訴，小東媽媽跟著兒子一起哭，哭完以後壓著平成去一趟小東軍中的單位，小東媽媽一把眼淚一把鼻涕，苦苦哀求長官幫忙職務異動，不然兒子就會「不見了」，溫情死纏還眞有效，小東被調去看管圖書室，那是一份幾乎可以整天吹冷氣外加睡覺的工作。

小東爽爽地當兵，爽爽地退伍，接著想法子就業，然而這是一個劇變的時代，是一個美國帶頭各國跟隨狂印鈔票的時代，是一個自動化快速發展、勞力平庸化的年代，各國的年輕人都面臨到共同的問題，那就是令人滿意的工作不好找，工作待遇普遍不佳。年輕人若是只能找到二十二K的工作，不是因爲你只值二十二K，而是這個工作只值二十二K，若是要更高的薪酬，得想辦法找到願意付高薪酬的職缺，然而這些高薪職缺所需的條件，多數人恐怕並不容易具備。小東退伍以後求職半年，才找到一個月薪二萬五千元、

三個月後升為二萬八千元的工作，平成替孩子覺得委屈，甚至覺得有罪惡感，他不認為孩子是因為被保護得太好，所以讓他失去競爭的能力，而是因為沒有給予更完好的成長環境。大環境這麼糟糕，是他們這一代四年級的人貪婪成性、掠奪社會資源，把社會條件搞壞所造成的。

平成其實忘了自己小時候出門就像丟掉，回家就像撿到，父母窮，孩子又多，根本沒人管平成在做什麼，所以他需要的東西都是自己想辦法，有得撿的東西就用撿的，沒得撿的東西就找替代品。有時媽媽不知道從哪裡搬來一大堆東西，平成還得當一陣子童工，辛苦一整天後，媽媽會很開心地告訴他：「平成眞乖！今天努力幫忙賺了『一塊錢』。」那時平成第一次對金錢感到震撼，原來錢這麼難賺！在家庭即工廠的年代，大家都是這麼苦過來的，所以平成知道錢不好賺，父母不用特別告訴他，他也知道父母的辛苦。

小東不像爸爸這樣從小缺乏物質，有些東西自己還沒想到，爸爸就已經買好給他，他從父親身上學到一種習慣性思維，他成績不好是因為老師不會教，不是他的錯；他遲到、曠課、上課用手機被記過，是教官太機車，不是他的錯；他在學校沒有成就感，是教育制度太爛害了他，不是他的錯；他現在薪水這麼低，是上一代的老賊（包括他爸爸，而且爸爸也這麼說）把社會資源吃乾抹淨，不是他的錯。這個習慣很好用，就像玩遊戲時開大絕，所有困難煩憂都可以在虛擬世界中一掃而空。

小東需要的不是爸爸的懺悔，因爲懺悔不會改善小東的人生，小東需要的是爸爸指引他人生的方向，鼓勵他堅忍不拔突破困境，提醒他世界環境的變化與趨勢，當然最重要的是，小東需要「希望」，需要「身分認同」，需要認同自己的價值在哪裡，而小東最不需要的是長輩們的抱歉。

一面鏡子

一大早看到警方來學校還眞是不太尋常，原來是康雄闖禍了。康雄非常聰明而「識時務」，從來不會和學校教官、老師正面起衝突，但絕對是時時刻刻違反著校規，舉凡吸菸、蹺課、早退、遲到、霸凌同學等，眞是罄竹難書。這一次，康雄闖的禍竟然可以把警方請到學校來，看來事情不小。不久熱心的同事傳來訊息，原來康雄先是看同學不順眼，雙方互嗆之下話愈說愈狠，演變成面子與意氣之爭，於是約在校外談判，雙方都揪人助陣，最後演變成在校外糾眾打群架。

康雄站在教官室裡面，兩位教官及導師正等著康雄的父親趕來學校處理，過一會兒，康雄父親走進教官室，什麼招呼都沒打，筆直地走向康雄，接著狠狠地一拳打在康雄臉上，這一舉動實在有些突然，教官趕緊上前拉開家長，此時康雄的兩手因用力握緊而青筋暴露，臉上流露出凶狠又冷靜的表情。康雄的父親展示了他的身教，康雄不過是一面鏡子，眞實地反映了父親的身影。

家長的錯誤示範

康雄有個同班女朋友叫嘉琪，嘉琪個子小小的，長相清秀，她和康雄走得很近，當兩人愈走愈近，甚至在校園僻靜處熱吻時，導師就必須知會雙方家長，告知孩子在學校的狀況。康雄的父親態度很清楚，對於這個孩子他已經無能爲力，用白話說就是「我管不了」。嘉琪媽媽的反應讓導師大感意外，嘉琪媽媽一聽到導師說孩子在學校和同學熱吻時，立刻堅決地表示絕對不可能，導師告知這件事是任課老師偶然路過時發現的，嘉琪媽媽立即質疑這位任課老師爲什麼要中傷她的孩子。

這下導師無言了，雖然嘉琪媽媽不願意相信老師的觀察，但是基於責任與自我保護，導師還是把嘉琪在校的「狀況」，用簡訊傳到嘉琪媽媽的手機：「嘉琪今天吃午飯時，坐在康雄的大腿上」、「嘉琪第四節美術課離開教室去上廁所之後就未回教室」……，將來孩子若是發生更大的事件，家長就不能耍賴堅稱從未收到導師與學校的通知。當簡訊傳遞的「狀況」愈來愈多，嘉琪媽媽覺得憤怒難當，怒氣沖沖地跑到學校，怒罵導師天天中傷孩子是何居心，她強調絕對信任自己的孩子，孩子說沒有就是沒有，因此對於導師經常傳簡訊給她，不斷中傷她的孩子的行爲揚言要提出法律訴訟。

嘉琪看起來恬靜，事實與形象卻有很大的衝突，嘉琪說起謊來如同呼吸一樣平順自然，而且可以把謊言說得毫無違和感，彷彿謊言中的故事如同現實世界般都是那麼眞實。導師和嘉琪媽媽多次面對面談話，事後卻發現嘉琪媽媽的言談前後有很多矛盾，很可能媽媽爲了保護嘉琪，才不斷配合孩子改變說詞。但是這樣的行爲，除了讓孩子可能變成「媽寶」以外，同時也不斷向孩子示範著如何藉著謊言來掩飾錯誤。

孩子是父母的一面鏡子

康雄在學校有個跟班叫治平，康雄總是有本事讓治平去幫他做一些違反校規的事情。治平會聽康雄的使喚，除了康雄能說善道的本事了得，可以像個大哥讓他依靠以外，也是因爲治平在學校的人緣很差，而人緣差的主要原因就在於他的嘴太壞，說話非常尖酸刻薄，就像是古龍著名的武俠小說《絕代雙驕》裡的十大惡人之一——人稱「損人不利己」的白開心。平常說話愛損人也就罷了，沒事還喜歡在背後挑撥同學間的情緒，搞得大家都不愉快。

有一次學校家長日，導師終於看到治平媽媽也來參加，懇談進行到一半，其中一位家長提出建議：

「是否可以讓孩子寫家庭聯絡簿？」

「高中生已經不寫家庭聯絡簿了，在高中階段每週會寫一篇週記。」導師委婉地回答。

「哎呀！導師太忙了啦，哪有空每天改家庭聯絡簿啊，勉強一週改一篇週記就不錯啦！」治平媽媽冷不防地突然發言。

「聽說學校規定第七節課時，冷氣都會斷電，但是夏天氣溫經常在二十八度以上，孩子反應實在熱得受不了，可否請學校改善這一種狀況？」有一位家長提出建議。

「小孩子習慣就好了，電費很貴，要繳好多冷氣費，不是每個人家裡都很有錢。」治平媽媽再度開口。

導師很感慨，同時也明白爲什麼治平總是說話傷人、惹人討厭，實在是從小耳濡目染，說起話來完完全全就是媽媽的翻版。導師和治平媽媽交談過幾次之後，發現治平媽媽其實並不喜歡她自己，這就難怪了，因爲治平曾告訴導師，他覺得媽媽不喜歡他，爲什麼孩子會覺得媽媽不喜歡自己呢？因爲媽媽經常在兒子身上看到自己的影子。

〈孩子是父母的一面鏡子〉（收錄於*Children Learn What They Live*）是美國作家羅樂德（Dorothy Law Nolte）發表於一九五四年的作品，其中一些充滿智慧的話語，不因時間而改變，與大家分享：

如果孩子時常在受到貶低中長大，他就會成為貶低別人的人。
如果孩子在尖酸刻薄的家庭中長大，他就會變得粗暴。
如果父母用不安的情緒教育孩子，那麼孩子也會變得情緒不安。
如果孩子在被憐憫的環境中長大，他就會感到自己很悲慘而沒有信心。
如果家長老是看不起自己的孩子，他就會變得靦腆、畏縮。
如果家長老是羨慕別人，孩子也會變成羨慕別人的人。
如果孩子老是受到斥責，他就會覺得「自己是個壞孩子」。
如果我們鼓勵孩子，孩子就會充滿自信。
如果以寬廣的胸懷去對待孩子，他就會心胸寬廣、寬於待人。

如果你經常誇獎孩子，他就會被教育成一個開朗的孩子。
如果你愛孩子，孩子就能學會去愛別人。
如果你肯定孩子，孩子就會懂得自愛。
如果你能直視孩子，孩子就會變得更加努力。
如果你教育孩子與人分享，孩子就會懂得體貼別人。
如果父母正直，孩子就會懂得正直的重要。
如果公平地對待孩子，孩子就會成為有正義感的人。
如果溫柔體貼地養育孩子，孩子就會成為和善的人。
如果我們守護孩子，孩子就會成為一個堅強的人。
如果孩子在溫馨和睦的家庭中成長，他就會覺得這個世界無限美好。

想辦法讓學生喜歡你對嗎?

新進老師初任教職,除了萬分緊張之外,心中必然是滿滿的期待,期待自己能把書本內容教好,期待學生能乖乖聽話,期待師生關係和諧,期待學生都很喜歡他(她)。

師生距離如何拿捏?

大雄老師是位新進教師,爲了讓學生喜歡初來乍到的新老師,大雄老師總是滿懷誠意去面對學生的各種需求。大雄老師把學生當朋友,但是學生年紀輕,還有許多社會化不足的地方,很快地,他發現學生眞的在應對的「形式上」把他當朋友,開始直呼其名,甚至連小熊熊、熊寶貝等稱呼都出現。

大雄老師心裡開始出現一絲不安、不悅與不知所措,這時他發覺老師應該要適時嚴肅一些，於是開始板著臉「教育」學生，可是孩子似乎聽不進大雄老師的教誨，只是覺得老師很小氣、很機車，於是大雄老師更生氣，口氣更差地責備學生，師生關係瞬間進入了衝突狀態；人在生氣時，不管是老師還是學生都不會有好話，在惡言滿天飛的狀況下，師生衝突達到最高點。

有一次尚未到下課時間，大雄老師氣得拂袖而去，巡堂人員發現鬧哄哄卻不見老師在場的班級，只好進班了解並適當處理。事後經過一連串地約談老師、約談學生、做出處分……，此時大雄老師與學生的關係已經有了疙瘩，處於誰也不願低頭的僵持狀態。大雄老師和班上某些挑事學生可說是互看不順眼，或許接下來會因爲其他管教上的小事而繼續加深摩擦，甚至發展到對立狀態。大雄很感嘆地表示，現在別說什麼教書了，我看學著如何做人比較重要吧。

如果時間可以逆轉重來，或許大雄老師的教學故事會不一樣：

大雄老師表情嚴肅地走進剛接手的班級教室，一進到班上，學生就感受到一股莊嚴之威（或者說肅殺之氣）。

接手之後的一個月內，大雄對學生不假以顏色，機靈的學生察言觀色之後，不敢輕舉妄動；而且在第一堂課，大雄就把上課的規矩一次全部講清楚、說明白，規矩不多，只有一條，但絕對是一條「能執行又無法回嗆的鐵律」。「能執行又無法回嗆」是關鍵，什麼叫做能執行又無法回嗆呢？那就是「上課不可以隨意交談」，這條規則簡單明瞭而且毫無反駁的餘地，因爲上課隨意交談會干擾到其他同學的受教權，老師有義務維護所有學生的上課權利，所以禁止學生上課未經允許「擅自說話」完全具備合理性，以及擁有維護多數學生利益的基礎，再刁蠻的同學和恐龍家長也無法質疑這一條規則。

大雄老師先把自己在整個班級的領導形象建立起來，同時仔細觀察班上每一位學生的人格特質，找出有領導特質且各方面能力都在平均以上的人當班長，如果沒有這類學生，領導特質稍弱但是有霸氣的人也行，沒領導特質但是有熱情又愛管閒事的人是最後的底線。有了班長還必須觀察出誰需要較多的「注意」，包括需要課業鼓勵的學生、需要情緒關懷的學生，尤其要注意那些容易被霸凌的學生。

這些訊息必須透過建立班上的「關愛細胞」來取得，也就是要挑選適當的學生來擔任關愛細胞，這個過程非常重要，一定要找正向而且心術純正的學生，更重要的是，絕不可以讓學生有「被利用」的感覺。透過關愛細胞來得到訊息，老師傳達出去的也是關愛與鼓勵，都是正向和積極的態度，就不會有任何學生覺得被出賣或是被利用。由於老師總能準確到位關愛，正向行爲被鼓勵，脫軌行爲被預防，自然慢慢被學生所尊敬，也逐漸受到學生的愛戴。

有領導能力還要有料

除了領導能力，老師最根本的才能當然是要「有料」，有的老師一個概念說了一節課，多數學生還是如在霧中，有料的老師講同樣的概念只需要幾句話，學生便豁然開朗。那麼剩下的時間做什麼呢？可以橫向與縱向來延伸概念，或是舉國內、國外的例子來證明，這些方式都非常好，過程中更要引導學生思考、發問，雖然一開始會發問的學生不多，但是只要每一次有學生發問時，便用力地給予肯定，慢慢地，願意主動問問題的學生就會稍微多一些。

爲何說「稍微」多一些呢？這是大環境使然，學生在過去的學習經驗中，經常遇到老師問問題，當學生眞誠地回答，沒想到老師卻「很有技巧」地嘲笑他不夠標準的答案，下課後反而演變成同學藉此繼續嘲笑。或是上課得到老師的鼓勵，鼓起勇氣提問，卻被同學諷刺問的是白痴問題，而老師未即時做任何處理，形同默許同學們的行爲，這些過往種種傷痛的經驗，仍然歷歷在目，學生當然會非常謹愼小心，警惕自己千萬不要再上當。

爲了讓自己有內涵，大雄老師不斷學習，ＴＥＤ和網易公開課都是他經常流連忘返的吸收資訊管道，尤其是ＴＥＤ，能在ＴＥＤ演講的講者都有好幾把刷子，從這些講者身上不只是看到不同的視野，更能學到走在時代前端的觀念，還順便附加學到如何清楚表達理念的演說方式，更重要的是，這些資源不但免費，甚至有大量的演講已經過翻譯並附上中文字幕，眞是令人感動到想淨身焚香跪拜。老師不但自己觀看，也可以鼓勵學生去看，但顧及家庭經濟差異或家庭教育環境的不同，以及部分學生的怠惰，有時也能精選一些棒透了的演講在課堂上播放給學生看，再引導出演講中可以「在地化」的觀念。不過對於教育，學生可是很會「選擇」的，即使老師使出渾身解數，上課內容精采無比，甚至課堂上播放的是一場擁有數百萬點閱率的熱門演講，下面還是會有學生呼呼大睡或是狂玩手機。

各取所需的教育現場

有些教育專家、教育長官，尤其是校長，非常堅持學生上課不可以睡覺，他們認爲禁止學生上課睡覺是老師的天職。「上課不可以睡覺」到底該不該堅持呢？

這包含很多面向的討論，若是老師因爲學生上課睡覺而處罰了學生（如叫他起立站個五分鐘），學生心中不滿，回去加油添醋一番，恐龍家長說不定就會來興師問罪，理由是我的孩子上課之所以睡覺是因爲身體不舒服、是因爲老師上課內容貧乏、是因爲學校通風狀況太差、是因爲天氣太熱又不開冷氣……，再說，我的孩子自己放棄受教權，又不去干擾別的學生，老師憑什麼嚴厲處罰我的孩子？憑什麼當眾羞辱我的孩子？這下事情就有得吵了，若是校長對內強勢對外卻怕事，在校內老師群體相對弱勢的情形下，當事老師就會很「委屈」。

在教育第一線的資深老師非常清楚，要求學生上課不睡覺、不使用手機、不吃飯盒、不吃零食等規範，絕對不可能是老師單打獨鬥一人承擔，也絕不可能在朝會時段，校長、教官來段訓話或說段大道理就可以解決，而是必須要有整套系統配合才行。

英國大倫敦地區北部一間以教授視覺與表演藝術爲主的學校 Kingsmead School，就非常徹底地禁止學生帶手機來學校，爲了貫徹這個政策，校門口安裝了偵測器，可以防止學生偷帶手機進來，校園內若是學生不遵守規定（如想辦法偷帶手機），或是上課態度不佳（當然包括睡覺），將會處罰學生離開教室，到辦公區（校長和主任的辦公集中區）的走道上靜坐閱讀或是完成規定的作業。這些處分都會通知家長，並且會將處分期間學生閱讀了哪些文章、完成哪些作業，回報給家長了解，因此沒有被指責剝奪受教權的嚴厲責難。

現今在國內的上課情境是學生睡覺、玩手機、吃零食、吃飯盒、喝飲料或看小說的比比皆是，根本就已經是普遍性現象，爲何會如此？老師爲什麼不管？當然絕對會有學生口中很「機車」的老師不斷要求規矩，因爲不斷要求的狀況下，課程進度自然受到影響。努力用功的學生因爲參加繁星計畫而重視各項成績，最後必然抗議課程進度落後影響成績，進而影響到將來的升學大事；於是家長電話來了，誇張一點的是直接撥一九九九市民當家熱線，接著教育局打電話到校長室，校長當然要處理，於是約談老師。這種故事腳本走過一、兩次，再有傻勁的老師大約也會「變聰明」吧。變聰明的老師在課堂上開始把不愛上課的學生視爲「閒雜人等」，只針對想上課的學生好好教學，於是乎，「各取所需」就成了目前教育現場最眞實的狀態。

父母不該做的事

沈家豪是班上的學生，素質不錯，就是偏激了點，常說自己是個憤青。家豪的父親是一家中小企業的主管，對家豪的學校生活非常關心。舉凡國文老師今天在課堂上介紹孔子生平，歷史老師講解二二八事件的始末，英文老師教單字要如何記憶等，家豪都會和爸爸分享，家豪父親也會主動詢問，並和孩子談論上課的細節。

「英文老師說背單字最好是跟著句子背，所以上課的時候，老師經常帶著我們念句子。」家豪和父親分享著上課的點滴。

「你們老師這樣上課不會很浪費時間嗎？」家豪的父親回應道，「難怪你經常說英文課都要趕課，我以前背單字都是不斷複誦死記，單字背久了就會記得，背多了就會知道怎麼用，一句一句背效率很差吧！」

「國文老師說寫作文要理解題意，要言之有物，所以大量閱讀很重要。」

「也是啦，大量閱讀確實很重要，但是你有這麼多時間嗎？你不是一天到晚都覺得沒時間把要考試的課本內容讀完，我看啊，還是務實一點，讀書要有方法，做事要有效率，寫作文其實也是有捷徑的，你看這些作文都是起、承、轉、合的架構，只要在不離題的狀況下，把裡面的一些句子換掉，馬上就完成一篇四平八穩的文章，又快又有效率，這樣不是很好嗎？」

「歷史老師今天談到二二八事件，有說二二八事件的過程裡，外省人有一段時間也被本省人殺害。」

「聽你們老師在鬼扯！他是外省人吧？二二八就是國民黨的軍隊屠殺幾十萬的臺灣老百姓，哪有外省人被殺！」

「地理老師說濁水溪口的台塑六輕廠對於南方的外傘頂洲確實產生影響，但是還不至於讓外傘頂洲變成消失的國土。」

「不會吧！我朋友就住在那裡，他說外傘頂洲愈來愈小，很快就要消失囉，都是可惡的六輕害的。」

剛開始家豪在校上課還算認眞，不過漸漸地從喜歡「問」問題，轉變成喜歡「嗆」老師的狀態，覺得被嗆的老師有時也會不留情面地反擊，或是情緒化地回嗆，甚至靜默罷工不上課，來個全班大眼瞪小眼。班上同學有的人對老師不滿，有的人對家豪不滿，更多的是對爲何形成此一狀況的因素不滿，最後這些不滿很自然地往相對弱勢的家豪身上宣洩。家豪因而變得愈來愈離群，僅和兩、三個談得來的朋友往來，下課經常發出非常態的吼叫，似乎在強力宣示著自己的存在，但也透露出內心無比的寂寞，卻因受限於愛「嗆」別人的行爲模式制約，而無法符合「社會化」的要求，因此不被認同。

如果時光能回溯，家豪父親當時說話的方式若能修改，或許今日的家豪會很不一樣。

「英文老師說背單字最好是跟著句子背，所以上課的時候，老師經常帶著我們念句子。」

「你們老師花費這麼多時間帶著你們念句子實在很辛苦，你要心存感恩。」家豪的父親回應道，「我以前背單字都是不斷複誦死記，單字背久了雖然會記得，但是不太會活用這些單字，所以我現在的英文程度還是不讓人滿意，你們英文老師教得很用心，你也要努力才行。」

「國文老師說寫作文要理解題意，要言之有物，所以大量閱讀很重要。」

「大量閱讀眞的很重要，雖然會耗費很多時間，但是這種投資絕對值得，不過礙於升學考試的現實，你得好好想想如何才能管理好各科與課外閱讀的時間分配，這麼說不是要阻止你閱讀課外讀物，而是提醒你如何做到時間最佳化處理，這不是一件很容易的事，事實上很多人都做不好，包括我也不敢說自己做得好，但是從年輕開始訓練，不斷累積經驗，一定可以愈做愈駕輕就熟。」

「歷史老師今天談到二二八事件，有說二二八事件的過程裡，外省人有一段時間也被本省人殺害。」

「我對歷史不是很在行，但知道歷史的呈現經常有不同解讀角度，建議你多上網查找資料，而且要注意不同角度的歷史詮釋，避免僅信一家之言，尤其要避免挑弄情緒的文章，還要小心不要用今日的時空背景看當年的事件演變。」

「地理老師說濁水溪口的台塑六輕廠對於南方的外傘頂洲確實產生影響，但是還不至於讓外傘頂洲變成消失的國土。」

「是喔！我朋友就住在那裡，他說外傘頂洲愈來愈小，很快就要消失囉，他認爲都是六輕害的。不過你們老師應該有拿出證據來證明吧？」

「老師運用多年的衛星影像變化來顯示外傘頂洲的位置與面積的改變。」

「哇！現在的科技眞的很方便，你也可以試著自己找找臺灣還有哪裡也有像外傘頂洲一樣的變化。」

上述兩種截然不同的家長反應，哪一種會教出比較正向、樂群、令人充滿期待的快樂孩子呢？打開電視機，隨時都可以看到負面新聞報導，名嘴無時無刻都能說得讓觀眾血脈賁張、義憤填膺，你喜歡這樣的憤怒生活與無望的社會嗎？如果不喜歡，就不要學習他們。多和孩子聊聊，聽聽他說什麼，就算不喜歡也請先贊同，贊同之後或許有機會讓孩子聽聽你要說什麼。為了怕孩子受傷，就一直對孩子述說各種社會、政治的黑暗面，或許太過頭了，這會造成孩子對國家、社會、學校、家庭、父母全面的不信任，一個什麼都不信任的孩子，你不覺得很可憐、很可悲嗎？

「不信任」有多可怕，因為什麼都不信任，所以年輕人不想生孩子，他們怎麼敢把孩子交付在一個自己都不信任，而且看起來沒有希望的世界呢！因為不信任，缺乏可信賴的朋友、可交流的心靈，因為不信任，長期寂寞的心靈多麼難以忍受。有些年輕人選擇進入宗教，有些選擇進入虛擬遊戲世界，他們還算是幸運的，不幸地，有些則因憤怒而想殺人。一個互不信任的社會，還能正常運作嗎？停止這種太過度的行為，多給孩子希望與熱情，這兩樣東西才能讓孩子在廣闊的世界找到自己的一席之地。

家庭教育與社會教育

還記得孩子第一天上小學嗎？那天孩子既興奮又緊張，通常媽媽都會陪著去學校。小一生最聽老師的話，開口閉口就是「老師說」，在一年級新生期間，老師說的話就像聖旨一樣。想像一下，老師對孩子們說：「小朋友，等一下放學以後，要記得遵守交通號誌喔，紅燈不可以走，綠燈才可以走，記得了嗎？」學生們會一起大喊：「記得！」等到放學後，媽媽們來接孩子回家，走到路口紅綠燈旁，小美記得老師的話，看了一眼紅綠燈，趕緊拉住媽媽，並且急著說：「媽媽，媽媽……老師說紅燈不可以走。」

殘酷的家庭教育

這個時候，家庭教育上場了，第一種殘酷情境出現：

「好啦！吵死了！一直在老師說說說，說妳的頭啦！我要趕著回家煮飯妳知不知道，我還有一堆衣服沒有洗妳知不知道，我忙死了妳知不知道……，沒時間了啦！走啦！」

以後如果這個孩子不遵守規矩、不遵守校規、不遵守法律，你覺得會是學校教育教的嗎？

第二種則是理想狀況：

「哇！小美好乖，上課都有認眞聽講，老師說得很對，紅燈不可以走，綠燈才可以走，那麼小美知不知道黃燈是什麼意思呢？母女倆一面討論黃燈的意義，一面等著綠燈重新亮起。」

這個時候，社會教育接著上場了：

路口的車輛不是很多，媽媽帶著小美等紅燈時，旁邊的路人甲、乙、丙、丁魚貫地闖過紅燈，小美問媽媽：「爲什麼大家在紅燈時還是穿越馬路呢？」媽媽臉上三條線，想了一想，對著小美說：「這些叔叔、姊姊不乖，沒有聽老師的話。」雖然話是這麼說著，但是路口人流從小美母女倆旁邊通過的場景，讓小美感覺好尷尬，彷彿做錯了什麼事，自己和媽媽看起來就像白痴一樣。過些年小美長大了，爲了不讓自己看起來像「怪胎」、「書呆子」，於是選擇從眾，跟著一起闖紅燈，而這樣的畫面，也就繼續成為社會教育的一部分。

氾濫的文字遊戲

批改週記是導師的例行工作，週記內容大多乏善可陳，要不就是流水帳，要不就是抄寫兩則新聞，接著發表「兩句」極簡感言，實在很少會有什麼讓人「哇……」一聲由衷讚嘆的內容，更不要說觸動心靈而深吸一口氣了。直到某年一位行政院長為了替自己的政策辯護，說了一句：「行政院的政策並沒有錯，只是程序有瑕疵。」沒多久，就有導師改到了一篇印象深刻的週記，內容是這麼寫的：

如果我曠課不小心超過留級規定，學校不能將我留級，因為我只是「請假的程序」有瑕疵。

當時這篇週記讓導師反覆思考了許久，不知該如何下筆批閱，學生的家長背景，導師是略知一二的，家長若是熱愛當時的執政黨，太直白的批評說不定會招來不必要的衝突，若是輕輕一筆帶過，又覺得沒有盡到教育者應有的責任，最後決定以輕鬆的語氣寫下評語：

啊！我懂了，你是教老師下次闖紅燈被警察攔下來時，我應該告訴警察，你不可以開我罰單喔，我只是煞車的程序有瑕疵。我沒有繳稅被國稅局處罰時，也應該告訴國稅局，不可以處罰我喔，我的錢都已經準備好了，就放在口袋裡，我只是繳錢的程序有瑕疵。

這些年眞可說是文字遊戲氾濫年，經常聽到讓人「開竅」的範例，例如，草地上插著一張告示牌寫著「請勿踐踏草皮」，於是有人坐在草皮上，強調我沒有「踐踏」喔，只是坐著，當然用躺的、在上面滾的，都不算踐踏。同樣的，若是湖邊告示牌寫著「請勿在此釣魚」，那就表示用網子抓的、用電的、用毒的、用炸的都不算「釣」魚。年輕人覺得很好玩，因爲可以打破框架，而且是「技巧性」地打破框架，實在是太「爽」了，其中含有一種革命的氛圍，有一種當家作主的感覺。直到某天，當年輕人自己成立社團，並且替社團訂立了一些規範，但是其他更年輕的年輕人「技巧性」地打破了規範，原先的

這群年輕人才開始有了「不爽」的疑慮。

社會環境營造社會教育

社會環境背景營造出社會教育，可是該如何建構優質的社會環境呢？道德呼籲、新生活運動都是常見的方法。小時候坐公車，公車站牌前沒人排隊，公車一來蜂擁而上擠成一團，每個人都不喜歡這種場面，但每個人皆用力往前擠，是當時的人很愚昧嗎？四十年後的今天，等公車還是不會排隊，是四十年來堅持不長進嗎？但是當你走進臺北捷運站搭捷運時，你會感覺彷彿進入另一個世界，竟然有好多人乖乖排隊，他們是同一個城市的人嗎？同一個城市的人進捷運會排隊，出捷運等公車就不排隊，這是什麼樣的道德狀態呢？若是我們同意多數人是理性的，如果排隊符合個人利益也同時符合公眾利益，那麼理性便會讓人們願意排隊。

當市民到捷運站搭車時，會發現列車每次停車一定精準地停在排隊路線的入口，於是理解到如果自己排隊，一定可以享有較優先進入車廂找尋座位的權利，所以會欣然遵照規範來排隊。但是搭公車就不同了，公車不一定會停在站牌前面，如果站在公車站牌前等候公車，結果可能是舒舒服服坐在附近椅子上的人第一個上車，傻傻站在站牌等候的人卻最後上車，理性會告訴所有的人，排隊等公車是笨蛋。顯然制度若是設計不當，理性的人不會去排隊，這無關道德品行，而是經過理性思考之後的合理選擇。

Part

II

開創教育的未來——人師的精進

做個獨立人

赫胥黎（Huxley）認爲文化的核心在語言和宗教，現在的埃及人早已不會說祖先的語言，說的反而是征服埃及祖先的敵人的阿拉伯語，信仰的也不是祖先所崇敬的太陽神，而是征服者的伊斯蘭教，所以古埃及文化根本已經滅絕了。早年強盛帝國到處殖民的時期，經常戮力推行被殖民者改說殖民帝國的語言，日本帝國時期統治臺灣亦復如此，語言的影響力非常強大，消滅被殖民者的語言，也就等於消滅其文化根本。那麼從另一個角度來看，如果推動一個國家說著典雅的話語，不但能強化整體文化根基，更能改變人民氣質，從而營造和善社會。但是如果使用粗鄙的語言、暴力的語言呢？那根本就是在鼓動暴力。

校園裡的語言暴力

相較於現今，三十多年前在校園裡很少聽到學生說髒話，若是有學生說髒話被老師聽到，那就慘了，輕則罰站，重則藤條伺候。當今多數校園裡，只要下課時間到走廊上走一走、晃一晃，就會不斷聽到單一字的髒話，或是三字經的「××娘」，而且傳出的不是只有男聲，還有更多的是女聲，你會驚訝於女聲展現的三字經是如此純熟、高昂又渾然天成。更令人困惑的是，不是只有男生大吼男性獨有的性器官，連女生也會不時傳來「雞×啦」的尖叫。

而老師們的反應呢？若是距離在三公尺以外的，通常就靜靜地飄過，彷彿不在現場，運氣不好在三公尺以內路過的呢？有些皺皺眉頭，以強度極弱的表情顯示心情的不悅，有些則是以帶點輕鬆笑鬧，力求聽不出一絲不悅的聲音，對著學生說：「喂！別說髒話。」而學生的反應或是傻笑、或是當作沒聽到，藉此來避免「老師的尷尬」，當然老師也會很識相地說完即離開。有不識相的老師嗎？有，很多，但是由於社會氛圍的無形壓力太大，不識相的老師對著學生嚴厲斥責的「暴衝舉動」愈來愈少，在媒體、網路輿論的多次撻伐之下，學會識相的老師正逐漸增加，畢竟聰明的老師是很容易教化的一群人。

「雞×啦」三個字會讓你不舒服嗎？那麼「好屌」和「哇塞」如何？這「屌」和「塞」已經變成處處可聞的「常用語」了，校園裡常聽到女學生左一句好屌，右一句哇塞，彷彿渾然不知自己在說什麼。屌是男性生殖器官，女同學對著男同學說「你好屌」，難道意思是讚美他的生殖器官好棒嗎？男同學動不動就一句哇塞出口，哇塞是「哇塞恁娘」的簡說，也就是「我肏」的意思，看到女同學一句哇塞，看到可愛的小狗又一句哇塞，看到漂亮的機車再一句哇塞，彷彿雄性動物進入瘋狂交配期。但是藝人、媒體和大眾已經對「好屌」與「哇塞」不以爲意了對吧？因爲說久了、說習慣了就會很「自然」，再繼續自然下去，不用多久，更直接而粗魯的「雞×」、「幹×娘」也會很自然而廣泛地出現在所有的生活空間。

語言會限制思想，語言若是粗鄙，思想就會受到限制而變得「簡單」且缺乏「同理心」；語言若是暴力，在暴力語詞濫射之下，人人皆有中彈的極高風險，每個人的尊嚴都有可能被輪流踐踏著，於是乎，整個社會就進入負面循環，互相拉扯，不向下沉淪也難。

近日「小燈泡」生命的驟逝使社會震驚，小燈泡母親的理性讓社會現形，小燈泡的媽媽想要用自己的方式讓寶貝女兒的逝去更有意義，她認為小燈泡如願變成了「大燈照」。然而那些覺得與自己想法不同者就是「怪人」、「神經病」的人，紛紛跳出來在網路長城的陰影後面，不負責地射出冷酷的一箭，射箭的人說不定認為這乃是正義的一箭；但這些人更可能是出於無聊或好玩就射出一枝射後不理的箭，箭若傷到人，那是引誘射箭的人的問題。「鄭捷們」或許會認為：被箭射中的人為什麼要讓人看不順眼？為什麼想法莫名其妙？這種壓根就不是同一國的人，活該被箭射到。

普世追求民主、自由，為的是相信人人皆有尊嚴，我們得學會尊重每一個人，我們也必須把自己當作人，當一個有尊嚴的人；有尊嚴的人懂得尊敬別人，懂得不崇拜任何人，因為崇拜之後，很容易會盲從，盲從意味著不思考，意味著人云亦云，喪失了獨立判斷的能力，盲從就等於失去了理性和自由，又何來「做個人」的尊嚴呢？

網路上廣泛流傳的一個故事：有一位眼睛失明的男子在路邊乞討，他前方的厚紙板上寫著「我眼睛看不見，請幫幫我」，卻很少人放錢在他的碗裡。有一天，路人甲從他面前經過，突然翻過厚紙板並在上面寫了些字，然後轉身離去，沒多久，失明男子碗裡的錢迅速增加。路人甲到底在牌子上寫了什麼呢？原來是「今天是個非常美好的日子，雖然我無法看見」。這個小故事告訴我們善用語言、文字的力量，可以如此神奇地轉變情境。

大人都會教導小孩「不可以說髒話，說髒話會被人瞧不起」；小學時，老師教我們「罵別人笨蛋，自己也會變成笨蛋」；日本ＮＨＫ放送文化研究所的調查則顯示，在「日本人喜歡的語言」中，第一名就是「謝謝」（占六七％）。

語言對於人際關係的影響更是眾人皆知，光是一句「對不起」與「謝謝你」就可以改變別人的感受，例如，「對不起我遲到了」改成「謝謝你的耐心等候」，本來對方很想罵人，但聽到你讚美他的耐心，火氣也就消了些。又如「對不起，這是公司的規定」改成「謝謝您對公司規定的體諒」，會讓顧客感覺被稱讚而不是被限制。許多人一聽到「你懂我的意思嗎？」心中的火氣就上來了，因爲這話好像把人看低了，說話者似乎站在上位，是以一種上對下的口吻在說話，也有人會認爲這句話隱含著把人當成笨蛋的意思，若是改成「不知道我這樣說有表達清楚嗎？」會讓聽者感覺被尊重了許多。

真與直的辯證

有些同學很認眞地看待「眞」與「直」，非常瞧不起虛僞的人，不過他們認定的虛僞範圍可眞是無限寬廣，即使是一般問候語，諸如「你好嗎」、「我很好」都算是虛僞的表現，他們認爲明明就不好，說我很好根本就是虛僞。於是在此邏輯之下，「你很白痴」、「問這種什麼智障問題呀」、「他這麼白目，被欺負根本是活該」等很「直」的言語，就這麼隨時從嘴裡噴出，毫不考慮別人的感受。如此這般有「某種氣體」就放的說話方式，眞的是直嗎？我想這應該是粗魯，應該是「自我中心」的極大化。

這類很「直」的同學有時會很「眞誠」地規勸朋友，例如，「你經常在宿舍裡睡到中午，很多早上的課都蹺課，再這樣下去，我看你肯定會被退學，我們是好朋友，爲了你好我才說這些，你聽了別生氣。」話說完了，朋友也聽到了，但朋友的狀況有改善嗎？大家都知道應該不會，說話的同學也知道，既然知道說了也不會有任何改變，爲何還要說？眞的是爲朋友好嗎？其實是直接說出來感覺比較爽快罷了，與其說是爲朋友好，不如說是爲了自己爽，還更眞誠些。若是眞心想幫助朋友，或許找一天坐在寢室書桌前，故意唉聲嘆氣讓常睡到中午的朋友聽，透過關懷來解決朋友的問題（請參考以下情境對話）。

朋友好奇地問：「你怎麼了？在嘆什麼氣？」

你：「沒什麼啦！」

朋友：「有事就說出來嘛，別悶在心理。」

你：「嗯……就是……最近老是爬不起來，我已經曠課好多次，很擔心老師會把我當掉。」

朋友：「唉！我也是……」

你：「你覺得我該怎麼辦？」

朋友：「我也曾想過這個問題，但知道是一回事，做到又是另一回事。」

你：「我覺得如果有人可以幫忙提醒，並且陪我度過難關，或許對我來說會容易一點。」

朋友：「我也是這麼想，不然我們一起互相提醒對方注意時間，一起激勵早睡早起，你看如何？」

你：「好啊！太好了！謝謝你能耐心地幫我、陪我。」

這樣的用心才是眞心對待朋友，而不是眞心放縱自己。這樣的對話或許不夠直，卻「誠」意滿分。朋友或許察覺到你的「虛僞」，但會感動於你的細心關懷，正是「良言一句三冬暖，傷人一語六月寒」。

教育系統一直以來都是以培養健全人格爲目標，這個目標幾乎沒有教育者會反對，但如何達到這個目標，使用的方法、手段卻有眾多分歧的看法。語言既然會限制思想，教導學生使用高雅的字詞、尊敬的稱呼會是很好的基礎。日語的敬語特別多，日本人也以多禮著稱，而日本社會的乾淨、有禮、尊重，以及不喜歡麻煩人的特質，更是國人所敬佩，可見語言能反映文化。國內近年流行一股風氣，鼓勵大家說話要俗又有力，認爲這樣才有「臺味」，遙想當年林獻堂、蔣渭水說起話來應該超沒臺味吧！可能這兩位前輩還會被調侃說話這麼文謅謅又做作呢。

讀書是爲了變化氣質，氣質從何而來？不就是講話的內容、語氣和場合的配合，有一回幾個老師一起在餐廳裡聚餐，其中一位年紀很輕、未婚的男老師，被鄰桌一位面貌姣好的女子吸引得目光呆滯、語無倫次，正當大家商量如何鼓勵他勇敢、主動去要電話時，這位鄰桌美麗女子的手機響起，接著她開口說話……，然後大家同時互看一眼，目光驚懼地緩緩搖頭，因爲未開口說話時，同桌老師大多覺得她應該是位難得一見的對象，但是開口說話以後，展現出措辭粗俗、言語粗暴，顯然家教不佳的一面，那種反差之大，有如看到一朵嬌豔欲滴的鮮花，靠近一聞，卻聞到一股奇臭無比的婆羅洲大王花之味。

培養孩子獨立思考

教育學生獨立思考並不等同於教育學生要反抗性思考，凡事皆反與凡事皆服從一樣，都是懶惰不思考。凡事黨同伐異、只問立場般的思維，是一種根據既有習慣、價值、文化而產生的「反應式」思考，這種最低階的思考方式，如何稱作「獨立」思考呢？

孩子問我：「《悲慘世界》（*Les Misérables*）中的賈維爲什麼要自殺？」因爲他堅信壞人永遠都是壞人，堅信法律是神聖而不可被挑戰的，堅信他是維護法律尊嚴而站在正義的一方。然而，他所認定的壞人尙萬強卻救了他，若是他執意逮捕尙萬強，該如何償還救命之恩？若是他放過尙萬強，該如何面對過去的執著信仰？他面對的是一個信仰價值崩解的人生。片中每一個人物在本分中交織出悲慘的生命，是什麼樣的原因所造成？是人性、個性、制度還是貧富？壞人的壞是出於本性還是爲了生存？該如何分別？

人生永恆命題是違法的未必是壞人，守法的未必是好人，那麼正義如何維護？推動社會脫胎換骨的總是一小批菁英分子，他們最不該被犧牲掉，卻最懂得慷慨就義的價值。

孩子從《悲慘世界》中，慢慢體悟並細細思考各種不同身分、不同價值觀、不同是非道德判斷如何相互糾結、相互影響和相互迫害，隨著年齡增長與人生歷練，孩子會不斷有新的價值判斷與更深一層的感觸，不斷成熟的生命，不斷練習批判性思考（批判不是謾罵，是不同角度的檢視），不斷完成自我，同時因爲生命的歷練而更懂得尊重他人，這些正是國家教育所深切盼望的。

浪漫與理想

「為什麼穆斯林總是在身上綁炸彈？」

「為什麼穆斯林不准女生上學？不讓女生開車？」

「為什麼會有各國年輕人投效ＩＳＩＳ組織？」

多次恐怖攻擊事件，尤其是巴黎的恐怖攻擊事件之後，國際新聞突然吸引了學生的目光，但是好多名詞、陌生的國度、網路上大量的訊息，卻把學生搞得頭昏腦脹，理不出個頭緒。錯誤認識植物，可能會把植物照顧到枯萎；錯誤認識家電，說不定會造成居家的危險；然而錯誤認識這個世界，搞不好你一直以為自己生活在地球，其實根本是在火星。

這樣的機緣剛好拿來作為學習動機，可以引發學生思考。

師：「為什麼各國年輕人，有的生活在如英國、美國、法國等已開發國家，卻願意自費千里迢迢去投效ＩＳＩＳ組織呢？」

生：「因爲生活太優渥了，想尋找刺激。」

師：「有可能，不過尋找刺激的方式有很多種，這可是一條玩命的道路，沒有足夠強大的原因，沒必要玩這麼大吧？」

生：「因爲宗教信仰。」

師：「信仰伊斯蘭教的國家很多，爲何不去印尼、馬爾地夫或是孟加拉呢？」

生：「因爲想當英雄。」

師：「也很有道理，但年輕女生去那裡，似乎只能幫忙傳宗接代耶？」

會在身上綁炸彈的穆斯林絕對是極少數中的少數，這好比越戰期間有越南的佛教僧侶爲了抗議而引火自焚，你能說佛教僧侶總是在身上點火嗎？網路上常看到以「網民認爲」作爲一段訊息的起始，你眞的認爲這些訊息是「很多很多」網民們共同的想法嗎？不准女生上學的穆斯林，大約只有阿富汗塔利班分子在堅持吧，不讓女性開車的伊斯蘭教國家不多，沙烏地阿拉伯是其中之一，但那與宗教並無絕對關連，與文化內涵比較相關。至於爲什麼會有各國年輕人投效ＩＳＩＳ組織？這就要從浪漫主義和理想主義來談了。

二次大戰時日本不少年輕菁英願意參加神風特攻隊，以一己的珍貴生命撞向美軍的戰艦，爲什麼他們願意這麼做？毛澤東發動文化大革命，海內外皆有不少知識分子響應毛主席的號召，知識分子爲何會跟從？日本年輕菁英與中國海內外知識分子是對日本天皇與毛主席表達效忠嗎？與其說這些人對兩位獨裁者效忠，還不如說這些人對心中的理想與浪漫奉獻，他們各自「想像著」偉大的祖國、大東亞共榮圈或中國超英趕美等對國家與民族的未來想望，這種美好想望激發了浪漫情懷，或是浪漫情懷支撐著向理想邁進的動力。

美國第一位黑人總統歐巴馬（Barack Obama）在二〇〇八年當選，他最有名的話語是「Yes We Can」，至於我們可以什麼？每一位選民心中的想望應該都不太一樣，歐巴馬引領了選民將對美國的理想轉化成選票的浪漫，選民幻想著自己手中的一張選票，可以成就偉大的美國，而最後歐巴馬的勝利，也就等同於選民的勝利，支持者不見得是投票給歐巴馬這個人，更深層的說，支持者是投票給心中的浪漫理想。

同樣的道理，世界各地的年輕人加入ＩＳＩＳ組織，並不是對誰效忠，西方國家用盡一切力量去暗殺、去轟炸恐怖分子的頭目有何意義？就算成功消滅目標又如何？頂多換個大頭目罷了。年輕人對浪漫主義和理想主義是毫無抵抗力的，當ＩＳＩＳ喚起許多年輕人對建立純粹伊斯蘭國的想望時，犧

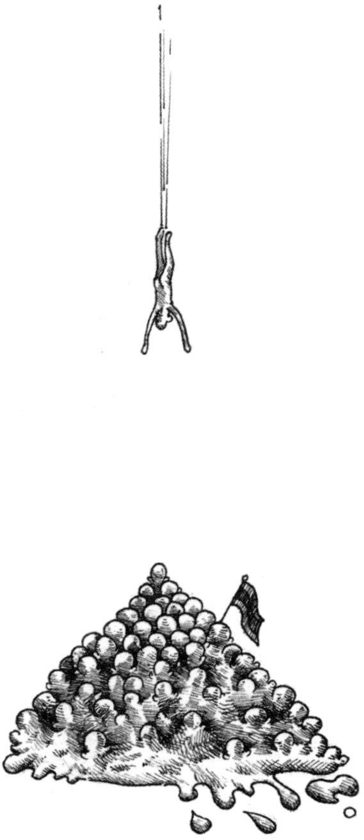

牲與奉獻、殺人或被殺都只是邁向理想的「手段」，可以被忽略不計，可以被合理化，也都可以超越道德的違和感。因此，其組織的核心魅力在於高舉建國理想的大旗，但核心致命點也正是在這裡。所以摧毀、消滅該組織最致命而有效的手段，並不是殺了大頭目，而是透過宣傳告訴全世界的年輕人，這個組織已經偏離了《可蘭經》（*Quran*）的教導，因爲眞主不會教導信徒去屠殺手無寸鐵的平民。

最後引用英國詩人約翰．多恩（John Donne）的著名詩句〈沒有人是一座孤島〉（***No Man Is An Island***）來啟發學生，相信這會是一個很好的課程結尾。

No man is an island,
entire of itself;
every man is a piece of the continent,
a part of the main.
If a clod be washed away by the sea,
Europe is the less,

as well as if a promontory were,
as well as if a manor of thy friends or of thine own were:
any man's death diminishes me,
because I am involved in mankind,
and therefore,
never send to know for whom the bell tolls;
it tolls for thee.

沒有人是一座孤島，在大海裡孤零；
大家都是陸地的一小塊，
串連起來就形成了世界。
如果有一塊被海水沖掉，
歐陸就會失去了一角，
彷彿岬角破損，
彷彿家園損毀，
無論他是不是你的朋友。

每個人的逝去都令我失去，
因為我們同屬人類。
因此，
無需再問喪鐘為誰而鳴，
它為全人類而鳴。

爲什麼我比較衰？

「爲什麼我比較衰？」這句話大約是在學校裡最常聽到的抱怨詞。

趙名書是一位名字取得很有書卷味的學生，不過趙名書認爲書並不喜歡他，他也不喜歡讀書，不但不喜歡讀書，更是特別喜歡捉弄成績好的同學。名書一直覺得這個世界對他不友善，他一直都遵守規矩、待人和善，只是有時嘴巴稍微壞了一點，可是爲什麼大家對他特別不好呢？同學不大喜歡他，老師好像也特別會找他麻煩，他眞的搞不懂，自己到底哪裡出了問題？爲什麼總是比較倒楣？

名書還不明白要把書讀好，首先得學會尊重，尊重知識、尊重老師與尊重有知識的人，不要動不動就說考第一名有什麼了不起，考上臺大、清大算什麼，老是抱著這種念頭，不尊重別人的付出，不尊重別人的努力，怎麼會把書讀好，這是一種傲慢。就像窮人老是瞧不起有錢人，動不動就罵富人是暴發戶，不尊重富人努力不懈累積財富的過程，又怎麼會富得起來，這是一種偏見。傲慢與偏見讓人看事不清，把利大於弊的事情看成全然皆弊，把助力看成阻力，把自己裝扮成一隻刺蝟，又有誰會願意擁抱憤怒的刺蝟呢？當然會讓自己的運途充滿挫折。周遭的人曾被名書的刺給刺傷，但他對此渾然不覺，只看到自己針刺斷裂處的傷口，於是在週記上寫到：

終於明白為什麼我不招人喜歡了，
因為我不夠虛偽、嘴不甜，不會睜眼說瞎話。
慢慢地才發現，
有一顆好心，
不如有一張好嘴，
因為好心永遠比不過好嘴。
現在的人……
都喜歡虛偽的、假的，
會做的不如會說的，
會說的不如會裝的。

這段話可能是從網路上抄來的，顯然名書看了覺得心有戚戚焉，但或許可以換成以下這個方向來思考：

終於明白為什麼我不招人喜歡了，
因為我不夠貼心、嘴太直接，
不理會別人的感受，只在乎自己不說很難過。
慢慢地才發現，
有一顆好心，
還要加上一張好嘴才能讓人感受到，
因為好心沒有好嘴並不是真的用心於好心。
從過去到現在的人……
都喜歡貼心的、善意的，
會做的不如會說的，
會說的不如會裝的，
會說會裝的都不如會做又會說，偶爾還肯裝一下的。

看到人家書讀得好，要先學會尊敬他，懷著虛心效法他，不斷效法周遭比自己優秀的人，那麼離成功之日也不遠了。看到人家有錢，先學會敬重他，虛心學習富人成功之道，一步一步咬著牙走過富人曾經走過的荊棘道路，就算不能大富，至少不可能是一無所有的窮人。學會尊重、學會讚美，比學會什麼學科都重要。批評、抱怨「先不要」學，那是家庭、學校和社會中多數人的壞習慣，身處在壞習慣占多數的社會當中，大家早已耳濡目染，內化成「習慣性思維」。若是發給全班同學一人一張A４白紙，要求他們寫出班上每位同學的三個優點，通常會看到許多同學在搔頭苦思，久久不能下筆。但若要求改為寫下班上每位同學的三個缺點，情況就完全不同，大家都可以不假思索立即振筆直書，不要說是寫三個缺點了，寫十個都沒問題。

從上述例子，我們便能清楚知道，大家需要加強學習的是如何看到別人的優點，眼中若是能看到別人的優點，內心自然就會產生尊重他人之心，尊重他人有如種下一顆顆善的種子，種子成林之後自然處處庇蔭。眼中總是看到別人的缺點，時時刻刻一心找碴，卻忘了一枝箭射出去，將有三枝箭射回來，會讓自己終日活在暗箭不知從何而來的困境之中。

教師甄試有這麼難嗎？

考教師甄試實在是一件折磨人的事情，多數老師都是一考再考，從臺北考到臺中、高雄、花蓮、臺東，可謂環島征戰，卻總是沒考上，那種心情若非過來人是很難體會的。每一次名落孫山，應考的老師心中都有一個疑惑，爲什麼我的分數這麼低？每一題我幾乎都會寫啊！怎麼可能只有這個分數？挫折、無奈、惶恐、不甘心等情緒一股腦兒湧上心頭。

小葉老師好不容易取得教師資格，回想剛開始第一年還有些堅持，堅持不要離臺北的家太遠，堅持一定要公立學校，一間、兩間、三間接續落榜，一年、兩年、三年次次揁龜，別說考上考不上了，多數學校放榜之後，才發現連第一關筆試都過不了。於是困惑縈繞心頭：不會吧，難道我都答得不對嗎？難道回答得不夠完整嗎？

其實主要原因在於考試人數實在太多了，在競爭激烈的情形下，「答對」

是不夠的，還要答得「不可思議的完整」才行，這個時候除了要熟悉教材，還必須寫得快，唯有寫得快、寫得多，才能每題比別人多個一、兩分，因而讓筆試分數排在錄取名額之內。如果自認寫得對又不可思議的完整，那很可能是遇到了不可抗力因素，譬如說，該校有個代理教師教了幾年，口碑還不錯，與同科教師關係也打得好，該科教師們可能傾向錄取一位熟悉、品質又有保證的代理教師，而不願冒險錄用一位不確定的教師。在這種狀況下，公開招考比較像是一種形式，參與考試的老師只好自認倒楣，花了錢又浪費時間來陪考。這種不可抗力因素很多樣，不一而足，有效的對抗方法就是不斷地嘗試，說得很直接，但就是這麼一回事，安慰你等於是欺騙你。

筆試過了，再來就是試教囉，試教有些原則與技巧，若是能適當掌握，對於成功錄取應該會有很大的幫助，分享如下：

一、請製作一份小折頁，內容最好採用「條列式」，提供學經歷、得獎紀錄、參與計畫、教案作品等，讓委員能快速了解你的優點。這些內容不要依照「時間序」條列出來，而是依照「重要序」來排列，把自認最驕傲的得獎紀錄、最完美的教案作品放在第一項，讓人一眼就看到，知道你的豐功偉業。若是按時間序，就不夠貼心了，評審委員對於每一個應考教師的生涯發展史很難在短時間內搞清楚，要評審委員在極短時間內「找到」你的優點，實在是強人所難，所以資料的呈現方式關係著希望委員如何認識你，當然也就是成敗的關鍵因素。

二、口試或試教開始時，一進場就把準備遞交給委員的資料盡快地交到委員桌上，然後迅速就座或是開始試教，不要耽擱時間。口試委員詢問問題，毋須一直重複客套話，例如，委員每問一個問題，就回應謝謝委員提問。應考的人很多、時間很緊迫，流程愈順暢明快愈好，委員問得愈多，你回答得愈多，讓委員留下「確定」印象的機會也愈高，所以不要讓過多的客套話冷卻、拖慢了對話流程。當然也不是要急就章，一副很匆忙的樣子，而是行爲自然、優雅，不做作就好。

三、學校聘用老師時，很看重人格特質與態度，經驗豐富的委員會從言談舉止間找出特質，考生要呈現出誠懇的態度、教育的熱情以及有使命感的人格特質，說話時眼神要穩定，音量要夠大而平穩，咬字要清晰、抑揚頓挫適切，手腳和身體的擺動也要自然。推薦可參考ＴＥＤ的演講，從眾多ＴＥＤ的演講者身上學習適合自己的說話方式與節奏，再用攝影機拍下自己上課說話的過程，下課後，播放上課錄製的畫面來看，找出自己的最佳節奏感。

四、無法回答委員的提問還不至於致命，但是試教內容「教錯觀念」，那肯定是不會錄取的。所以對於專業的本職學能，千萬不能心存僥倖，必須腳踏實地，紮實地準備好。

五、不建議在試教時表現課堂幽默，幽默沒處理好，輕則很冷，重則踩到「諷刺」學生的紅線。原則是，談話永遠要正向。學校要錄取一位未來老師，重視的是在這十五分鐘內，你能不能把一個老師該有的「樣子」表現出來，專業度夠不夠、教材熟不熟、聲音有沒有自信、說話能不能有條理，至於幽默與否絕對不會是優先選項。

學校總希望自己能挖到寶，什麼樣的人是寶？擁有正面人格、工作態度積極、具有優質團隊合作精神、人際溝通能力無礙，最後專業知識夠水準。用白話說就是，學校要的是肯吃苦、肯配合、好相處，再加上專業與教學方式「夠格」的老師。必須注意「順序」很重要，吃苦、配合、相處是核心，專業、教學水準是門檻。許多才高八斗的老師總是在試教或是口試關卡被擋下來，大半都是表現出一副優秀得不可一世的氣勢，忽略了該校同科教師的感受與人性，這些已經在學校的同科教師，怎麼會願意聘用一個或許很厲害，但是應該會很機車又不合群的人來當自己未來的同事呢？

做一個不讓人討厭的老師

多數人都愛聽故事不愛聽人說教，卻又喜歡對別人說教。老師這個職業眞好，對別人說教，簡直就是職業本分，說教說得理直氣壯，要老師不說教，有如叫獅子不吃肉一樣困難。不過事情也麻煩在這裡，太習慣說個不停，哪有閒工夫聽啊，總聽不到別人的肺腑之言，時間拉長之後，很容易就不長進了。

掌握說故事的技巧

方老師在開會的時候最不喜歡聽校長、主任說教了，每一次開校務會議，王校長基本上是總攬全局，既當校長也當主任，說到興起時，嫌司儀麻煩，還會順便兼任司儀，自己管控會議進程。聽起來是不是相當厲害！王校長也覺得自己很厲害，她總認為教育界有太多廢才，太多老師不長進、固執、迂腐、懶惰……，所以她有強烈的使命感，認為自己必須努力撐住臺灣的教育品質，也無法想像教育界若是少了她會發生什麼事。

方老師每次看到王校長拿起麥克風就很無奈，因為知道接下來至少會有一個小時，校長不會放下麥克風。校長什麼都能談，從最近的時事談到國家的未來，從政府官員談到校內行政，從教務主任罵到學務主任，從大事到小事全都能批評指正，然而說完後結論通常都是：你們大家做不好，外面的人是不會罵你們的，他們會罵的是我；可是教務主任做不好和我這個校長有什麼關係，學務主任做事莫名其妙，校長為什麼要負責。

方老師默默在心裡想著：照校長的邏輯，導師為什麼要被你批評，班上出問題是班長做不好，和我這個導師有什麼關係；班上秩序亂是風紀股長做事莫名其妙，導師為什麼要負責。想歸想，方老師依然繼續看著平板電腦上的即時新聞，不曾改變過姿勢，他已經不像剛教書時那樣有稜有角了。十多年前，方老師有個外號叫方大炮，外號很響亮，代價卻很慘烈，當時私立學校直接不給聘書，要他走人。現在有家有子的方老師，面對眼前這一位自我感覺良好的校長，已能做到悶不吭聲的境界了。

看看左右鄰近的老師們，要不低聲嘰嘰喳喳地聊天，要不就是閉目養神，或改考卷、上網看資料、看Facebook，會後若問參與會議的老師「校長剛剛講什麼」，多數都會坦白回答「不知道」。如果白目地繼續追問「爲什麼沒有聽」，我想應該會得到很世故的答案，包括最近太累了、昨天小孩半夜不睡覺、剛剛正在討論課務發展……。有趣的是，多數老師在上課時，絕不容許學生閉目養神或暢談班際發展。

方老師不時會想到自己不愛聽人說教這件事，大家普遍都不喜歡聽人說教，學生當然也不例外，那爲什麼還要不斷地說教呢？難怪學生不愛上課！方老師慢慢想通了，既然自己喜歡聽相聲，喜歡夜市裡的拍賣叫喊，喜歡教會李牧師言語中帶來的心靈洗滌，那麼，就應該以這些人爲師。不僅可以將上課變成像是說相聲般有趣，不時抖幾個包袱，讓學生哈哈一笑，也可以在大家開始進入恍神狀態時，突然讓麥克風掉到講桌上，發出「碰」的巨大聲音，然後壓低音量說：「我好像吵醒了很多人喔。」同時，還能學李牧師慷慨激昂講道時，忽然把音量壓得很低，如此一來，聽眾的專注力反而提升。方老師醒悟到，是的，改說故事吧！只要掌握說故事的技巧，只要故事蘊藏道理，那麼故事好聽之餘，其中的道理也能讓學生潛移默化。

引發持續性感受

賺別人口袋裡的錢和把觀念放入別人腦袋裡，一向被認爲是世界上最困難的兩件事。行銷人員用盡一切方法，要把商品賣給客戶，這不容易，因爲對方不認識他，要如何相信他呢？優秀的業務員都明白世界上有百百種客戶，面對不同的客戶要使用不同的話術，但話術再怎麼高明，還不如取得對方的信任與尊重。如何取得客戶的信任與尊重呢？關鍵就在於是否能讓客戶感受到你的眞誠與對他們的關心；不只是片刻的感受，更是持續性的感受，唯有持續性感受，才有忠誠的客戶。

教育體系下，教師與學生的關係不同於行銷人員與客戶的關係，但是信任與尊重的原則並無不同，美國貧窮地區的公立學校，尤其是那些被評爲「低水準且持續危險」的公立學校，學生攜帶槍械、毒品來學校，卻不輕易走進教室，教室裡空蕩蕩，桌椅、教具亂成一團，有如廢墟。少數這樣像地獄般的學校，也曾發生過被成功拯救的案例，這些案例裡都具有一個共同的核心，那就是用紀律管理教室，用關心與眞誠打開學生的心房。其中過程絕非童話故事，而是一次又一次堅持紀律，以及一次又一次讓學生感受到：如果沒有人關心你，請記得老師關心你，而且永遠關心你。上述這樣的老師，一定不會讓人討厭。

能成爲優秀的老師，才有可能成爲優秀的教育家，教育家如果看不見、看不懂、看不起，最後一定是跟不上趨勢。企業家如果跟不上，頂多輸掉公司罷了，但教育家如果沒跟上，可是會輸掉一個世代的競爭力。

老師該做的事

當今教育讓許多學生一心一意只想考高分，這些學生習慣於高分所帶來的獎勵，一輩子透過成績來確認自己很棒。可怕的是，踏入社會之後，一旦沒了獎勵，他們就變得若有所失，不懂得怎麼做事了。

肯定的力量

在學校教育中，老師該稱讚的不是學生成績優異或頭腦聰明，而是應該稱讚學生努力的過程、堅持的毅力、創新的策略，以及最後的進步。哪怕進步極為有限，老師也應該適時讚美學生的努力，如此才能養成他們堅忍不拔的特質。

學生愛玩線上遊戲是有道理的，這些遊戲其實蘊含許多智慧結晶，目的只有一個，就是吸引玩家繼續玩下去，而且事實證明遊戲設計團隊很成功。線上遊戲中有種設計叫做「成就」，並非最高分或是第一名的玩家才能得到成就，而是幾乎你想得到或想不到的參與過程，設計團隊都會絞盡腦汁在遊戲裡給予玩家「成就」。例如，走出村落就給個「走出村落的成就」，從懸崖上跳下來摔死，也給個「高空摔死成就」；只要打死怪物，不管是一百隻、五百隻或一千隻，通通都給成就。整個遊戲過程中，只要玩家「努力參與」，就會不斷得到成就。玩家不會因爲殺怪物殺得比別人慢，而被嘲笑或是漠視，整個遊戲過程中，透過給予成就作爲獎勵，促使玩家賣力參與遊戲並做出更大的努力。

爲何人會努力？因爲認爲自己是個優秀的人，當然要努力。反過來看，人也能因爲很努力，而認爲自己很優秀。老師有個偉大的使命，就是賦予學生一種「身分認同」，只要學生認同自己是個優秀的人，就會朝向「如何實踐自己優秀的身分」的道路上前行。那麼，該如何賦予學生身分認同呢？人有千千萬萬種，當然也就有各種各樣的方法，但原則不外乎是讓學生感到被重視、被尊重、被注意、被關心，以及最重要的是被相信。這一切原則之上，還有一個關鍵性因素，就是老師要讓學生相信你、尊敬你、佩服你並敬愛你。

曾聽過某位老師問：「我該怎麼教，才能讓學生想學呢？」另一位老師則說：「我拿薪水負責教，學生來學校負責學，我沒必要去喜歡學生，更沒必要讓學生喜歡我。」其實這兩位老師都忽略了一件事：若學生不喜歡某位老師，還會願意向他學習嗎？因此，在教學目標、教學內容、教學方法之外，讓學生敬愛你也是一件非常重要的事。當敬愛的老師親自對學生說：「我教書這麼多年，一眼就能看出你是有潛力的學生，所以你要更努力，學習上若是有疑惑，隨時來找我，我一定會協助你。」我想這位學生一定忘不了備受肯定的這一刻。想想看，如果學生是美國總統歐巴馬的粉絲，歐巴馬總統親自對他說：「加油！我相信你可以做到。」這力量會有多強大！

老師有可能喜歡所有的學生嗎？當然不可能，芸芸眾生中總會有人和你不對盤，在教書生涯裡，肯定會不斷碰到難搞的學生，你沒辦法喜歡這些學生也很正常，但是老師能做的是，最起碼不要讓學生們知道你不喜歡他們，老師必須肚量夠大、ＥＱ夠好，而且會演戲，演戲不只是爲了學生，也是爲了在令人不悅的教育制度中，能將教書的本分做好。

教學目標可以更寬廣

現今的教育環境與制度相當重視成績，老師只好跟著重視成績，結果學生也不得不重視成績，成績優秀的學生便一帆風順，成績不好的學生則有如棄子。這種以成績來論英雄的方式，只要不是名列前茅的學生，就會一再被鑑定為「不如人」或「是個笨蛋」。如此一來，老師的工作所產生的間接效果之一，將會是不斷幫助學生證明自己是笨蛋！這些被體制證明是笨蛋的學生，當然不喜歡來學校。如果能好好利用前述線上遊戲設計方式的智慧，將其使用於教育中，雖然看似有些弔詭，卻絕對是明智的。當考試標準不再以分數來計算，而是將每一個學習目標變為成就系統，區分成「達成」與「未達成」，學生便能透過一個又一個的「達成」來認同自己的優秀與成長。

成就系統中，絕對不會只有數學與科學，這兩者當然很重要，但是完整的教育還需要包括藝術、人文、體育才行。到歐洲的城市走走，你會驚訝於都市景觀看來如此優雅，門前的花籃如此精緻，每一間屋宇用色如此大膽卻又協調，這是如何造就的？

答案是藝術素養！這是學校的藝術教育發揮影響效果，一點一滴融入學生的價值觀中所養成。例如，英國中學的多媒體課程，教學重點並非放在Photoshop（影像處理軟體）如何操作，或是Final Cut Pro（影片剪輯軟體）的高階技巧，其教學目標一直都在於觀察社會、觀察自我，啟發學生如何用多媒體來展現一種社會知覺；至於各種軟體操作技巧，學生自己透過網路就可以學到，網路上學不到的，當學生覺得有需要時，便會主動向老師學習請教。滲入生活裡的藝術、人文、體育課程，讓學生變得較爲完整而平衡，社會才有機會因平衡而永續向上，更能得到金錢難以買到的生活品質，這些難道不是教育的重大目標嗎？

世界各國的政治運作方式詭譎多變，連各國的領導者也未必說得清楚，而國與國之間的互動，政黨與政黨間的惡鬥，錯綜複雜又交互影響，那麼，要如何引導學生面對異常複雜的現代世界呢？如果忽視地理、歷史、文學等教育，根本不可能營造優質政治；不了解各地區的風土民情，不清楚各民族、各族群的歷史深度，也沒有深厚的文學底蘊，是不會理解爲何美國要將美元與黃金脫鉤？爲何美國硬是要攻打伊拉克？中國發展「一帶一路」的大戰略爲何？從過去到現在，世界各強權是如何興起，又是如何沒落？爲何是歐洲人殖民美洲，而不是美洲人殖民歐洲？工業革命以來，海權爲何如此重要？

到了新經濟時代，海權依然重要嗎？

相關政策制訂者應該去思考：這種種問題是否該是現今教育的必要課題，以及各行各業的未來主人翁，諸如媒體工作者或領導國家的菁英們，需不需要熟悉這些知識，從中培養一套邏輯思維。教育乃是「百年」大計，在制訂教育政策時，這百年兩字更是重要，值得深思。

教不完怎麼辦？

秀芳老師一進入休息室就唉聲嘆氣地抱怨：「怎麼辦？我在一〇二班的課程剛好被假期放掉好幾次，教材都教不完怎麼辦呀？急死人了！偏偏學生上課又無精打采，要死不活，眞是快被氣死了。」

志雄老師接著抱怨：「我的課是沒有被放掉，但我教的是科學班，地理課一週只有一節，這是要怎麼教啊！光是把課本講解完就已經要拚了老命，就算想來點翻轉教學或是延伸教材打開學生視野，根本就沒時間！不把課本內容教完，學生家長會抗議，但是只教課本的內容，我和學生都會悶死，這種授課方式與補習班一樣，又何必有學校。」

教育不只是追求成績

「教不完」這件事永遠都是教師的困擾，其實轉個念頭就會比較好處理了。例如，像是一週只有一節地理課的「科學班」，這些學生的學習態度通常都非常主動積極，如果純粹爲了段考與學測，相關的重點解說及摘要，內容其實不算很多，並不會花費太多時間，而剩下的時數就可以拿來進行各種翻轉教學、野外實察等延伸內容。教學目標除了擴展學生的視野、修正學生對世界的認知，更重要的是讓學生喜歡這門課，只要學生對該科目感興趣，自然就會主動學習、積極探索。如此教出來的學生，才能眞正具備探索知識、活用知識的能力。學生如果只會背誦課本裡的資訊，學校又營造出如同補習班那樣的氛圍，僅僅是反覆練習如何考試，這樣一來，學生頂多變成一部很會考試的機器罷了。

再舉個數學課的例子，學生學習數學最大的障礙，其實是在解題過程中遭遇到的困難，數學老師可以把教學過程放在網路上，讓學生回家「自行上課」，在學校課堂裡學生則專心寫作業，老師可以隨時提供諮詢，當然這種方法需要有家長督促，以及「主動積極性」足夠的學生配合才行。

如果不是資優的學生，甚至PR值（百分等級）不到五十的學生，這一套教學思維恐怕就行不通。PR值不到五十的學生，摸著良心來說，學校與老師的首要挑戰，應該是如何讓學生喜歡來學校，如果學生連學校大門都不願意進來，談任何教學方法都是枉然。通常剛開始這些學生都頗喜歡來學校的，爲什麼呢？主要原因是在家裡並不快樂，他們有很大比例是生活在弱勢或破碎的家庭，缺乏溫暖，來學校反而能呼吸到新鮮自由的空氣，又可以交到好多朋友，而朋友正是年輕人最重要的養分之一。

雖然現今臺灣沒有一所學校會標榜「本校以成績優異爲教育目標」，但家長可是以孩子成績是否優異作爲觀察學校的關鍵性指標。在此一形勢下，重視學校「業績」的校長，自然會很重視考試成績，老師也被迫要強化學生的成績表現，形成「萬般皆是假，唯有成績眞」的功利價值觀。在這種價值觀下，任何教育制度都會被扭曲，不可能往原有的理想邁進，這種利己排他的過程中，有太多東西會被犧牲，包括原本喜歡來學校、但成績表現總是令人失望或絕望的學生，逐漸不愛來學校，甚至懼怕來學校。

這些學生在學校經常成爲被霸凌的對象，因爲他們的成績拖累了班上整體平均，成爲眾人眼中的「害群之馬」，班上同學會認爲欺負一下害群之馬，具有維護班上名譽的社會基礎，以及某種功利意義的正當性，於是自然有人樂意挺身而出，當然也不乏願意跟隨的盲從者。這些本來只是成績不好的學生，當意志被摧毀後，開始相信自己眞的是害群之馬，去做一些符合「身分」的行爲，於是乎，後來的演變更加印證了眾人原先的判斷。再過些時日，有些害群之馬本於求生意志，尋求暗黑原力（指憤怒、憎恨等消極元素），將光劍轉換成紅色，回過頭來蛻變成「害群之虎」，不知會有多少家庭因此感到遺憾。

成就系統帶來希望

如果ＰＲ值不到五十的學生願意走進學校，不論對學生個人，還是對學校與社會，都是一件值得期望的事。學校需要準備好面對接下來的艱鉅挑戰，這些學生有許多人生活習慣不佳，生活態度也需要修正，而且大多是生活在弱勢或破碎的家庭裡，學校沒有足夠的立場與能力去改善學生的家庭，能做的就是給學生希望，讓學生在微弱的希望之光引導下，強化自己的能力，慢慢改善自己與周遭的條件。希望之光或許微弱，但是小小的希望，卻可能產生巨大的改變，這正是教育的主要功能之一。透過前述（頁一五八）的成就系統，一小步一成就，一成就一希望，看見成長的希望，看見未來的希望。

考試系統與成就系統並不相悖，將考試過程與結果設計成一個又一個的成就，就可以削減因爲考試而產生的種種扭曲價值，例如，進步十分的成就、進步二十分的成就等，就算只從二十分進步到三十分，也能獲得成就；並非如傳統般只有前三名才得到榮耀，只要進步就有榮耀，甚至只要參與就給成就。當然依舊可以保持前百分之三或前百分之十的成就，讓那些爲了保持成績穩定而努力的學生，得到相對的肯定。

如此一來，考試系統變爲成就系統的一部分，即使是考試，也能讓成績落後的學生獲得成就，考試制度也就不再這麼功利。只要一個轉念，就可以把「考試引導教學」轉換成「成就引導教學」。考試的目的應該是用來檢測學生的學習狀況，作爲下一步教學的參考，每一個學生的學習狀況都不一樣，所以理想的教學活動應該要針對個別學生的差異來進行，不該是統一的進度和統一的考試。

ＰＲ值在八十左右的學生呢？能念書的學生，老師應該盡力協助他們探索並釐清自己的性向，幫助他們課業上的精進，傳統填鴨式教學對於基礎薄弱的學生依然非常具有效果，紮實的學習基礎是往後「快樂自主」學習的泉源，打從一開始就「快樂學習」，對絕大多數學生而言是一種幻象，為了這樣的幻象而耽誤基礎的建立，實在相當可惜。

學生因為遊戲中成就系統的導引，而甘願熬夜重複打怪，千篇一律地殺死同一批怪物，這過程非常無聊，可是學生卻願意忍受「練功」的疲倦而不抱怨，那是因為有所期待。學生可以隨口說出各種等級的怪物在地圖上的分布方式，可以立刻指出各類英雄的參數特色、攻擊優勢與防禦弱點，可以分析出虛擬寶物拍賣市場的潛力商品、最佳拍賣時間與最好的底價；相反地，卻連二十句課文都背不起來，九九乘法表需要背三年，谷灣、峽灣、溺谷總是分不清。

建立這些學科的紮實基礎當然辛苦，採用「填鴨式」把這些基礎放到腦中也不見得有什麼壞處，但為何我們聽到填鴨式教育就有如看到蛇蠍般恐懼呢？痛恨這類教育方式的人，經常喜愛引用愛爾蘭詩人葉慈（William Butler Yeats）說過的一句話：「教育不是注滿一桶水，而是點燃一把火。」換個角度想，一個人有如一個空桶，點燃一把火之後能燒多久呢？若是桶子裡先注入一點易燃油，就能很快地燃起火苗，接著不斷放入柴薪，從小柴薪、中柴薪到一段大樹幹，便能燃起熊熊火焰。教育的過程中，點火固然重要，但鄙視點火前的前置作業則不必要。

學生熬夜打怪的辛苦與填鴨式背課文的疲累相比，絕對有過之而無不及，兩者的差別在於，打怪可以預期並看到操作角色的成長與成就，但是背課文卻少了這份成就感。如此說來，教育這件事很清楚的，就是要給學生「成就」！不能老是用成績來證明學生有多懶或多蠢，證明完了、驗明正身之後呢？學生就彷彿得到牌照般，理所當然地表現得又蠢又懶。

「給成就」這件事是教育的精華之一，例如，高一地理段考考地形，傳統規則訂定六十分以上是及格，然而爲什麼是六十分？考六十分的學生到底會的是哪三十題？不會的又是哪二十題？教師不會知道，學生也無所謂。不如換個方法，考試題目依照成就系統的架構來出題，可以測驗學生是否認識沙洲的位置，若是全對才算通過測驗，此時就給個「認識沙洲位置的成就」，接著還有「認識沙嘴的成就」、「認識潟湖的成就」、「認識臺江內海的成就」、「認識珊瑚礁地形的成就」等。段考成績、學期成績、學年成績、三年總成績都只有「完成多少成就」的數據，不再有及格與不及格的概念，學校可以訂定各科需要完成多少個成就才能拿到畢業證書，大學選才也可以自訂需要完成多少成就第一階段就能錄取。

爲了防止學校因升學績效而造假，所有的成就測驗全部在線上完成，測驗題目統一由國家單位建置，由於是線上測驗，所以題目型態會更加多元，除了傳統文字，還能增加全彩照片、動態影音，各校地理教師還可以訂定野外實察類的成就。以上僅是以地理科爲例，各個科目特性與需求均不同，需要規劃不一樣的成就與施行方式，像是作文，總不能要全國中學生都將作文上傳國家單位吧，這種情況就必須另外構思。一套設計適切的成就系統，可以透過不斷給予成就來幫助學生度過塡鴨基礎知識時的痛苦和無趣，並進一步引導學生自主性發展。

現今教育訓練學生針對特定問題，要能快速回答「正確」的答案，然而谷歌公司（Google）每天面對數億條問題並提供答案，這些答案都是免費的，未來這種趨勢不會改變，因此如何問出有品質的「問題」才具有價值，好的問題不僅帶來一個答案，還會引出更多有意義的問題。面對將來的未知領域，顯而易見的，教育學生會問問題，並問出有品質的問題才是重點所在。

成就與相信即是教育主軸

教育的過程中，學習是目標，如果有過程而無學習，那要教育做什麼？教育是在教師與學生之間進行，學習是在學生身上發生，所以說教師與學生才是整個教育的主體，尊重教師專業與創造學習環境，才是教育領導者該做的事。找人設計一堆評鑑指標，用評鑑來影響教育經費，用經費來制約學校運作，學校領導再來要求教師配合，不斷「指揮」教師該如何教，除了不尊重教師專業，對於教育狀態根本無所助益，大家心裡都明白這只是「形式作業」，可是該有擔當的領導者卻又不願意當壞人。

這整個流程必須反過來才行，應該隨時檢測學生的學習狀況，針對不同學生的學習狀況給予個別的協助；應該讓同科與跨領域教師之間教學相長（意味著要減少授課時數），創造優秀教師將自身經驗傳承出去的平臺（不要再將研習變成領導者間的社交平臺）；給予經費和榮譽來樹立教育界的良性循環，教育領導者要「服務」教師與學生，不是指揮或消費大家。

有本紅極一時的書叫做《祕密》（*The Secret*），此書公開了從古至今某些人之所以會成功的天大祕密，這個祕密就是「相信」。因爲相信自己會成功，所以用盡一切方法讓自己成功；因爲相信自己會成功，所以吸引許多未來也會成功的人士聚攏，一個人有了成功的思維，交往的也大多是成功者或未來成功者，身處在這樣的環境中，成功機率將會大大增加。仔細思考，宗教也是運用這樣的法則，在宗教的思維下，你得先相信，因爲相信會產生信仰，很多人相信並因相信而聚攏，團結的巨大力量就此產生。轉念一想，政黨不也是如此嗎？

學校教育有個重要目標，那就是要想方設法讓學生「相信」，學生相信自己是一個什麼樣的人，就會讓自己慢慢成爲那樣的人。學生相信自己是個「魯蛇」，就會上課睡覺、上學遲到、作業不交；學生相信自己終會成爲眾人景仰的一號人物，自然會努力朝著這個方向邁進；學生相信自己會對世界做出貢獻，爲了達成這樣的相信，不管多少夜晚挑燈苦讀也甘之如飴。

現在社會有一個令人膽戰心驚的現象，過去三、四年級生勇敢打破威權，卻不太懂得如何尊重專業，他們專注於強調政治上的不可信賴，卻疏忽於建立其他領域的專業信賴，將對政治的不可信賴意識擴大到各個領域。於是乎，整體社會充滿著沒有任何領域是可被信賴的氛圍，也延伸出沒有任何職業是會被尊重的社會，醫生經常被告，教師如同服務生，消費者（病人、學生與家長）隨時能依個人好惡拍桌怒罵服務不周。慢慢地，大學教授變成名嘴，每日誇誇其談，卻盡是與專業無關的議題，連中央研究院的院士和院長都爲政治服務而笑罵由人。

臺灣的教育問題何解？回答這個問題之前，恐怕得先問問臺灣的社會問題何在。在一個功利、互不信任的社會背景下，任何教育制度都不能期待會被合理執行，然而諷刺的是，改善社會問題的方法之一，卻也是仰賴教育。期望教育相關人士謹記，教育的主軸言簡意賅，即是成就與相信。

這不公平

每次世界盃足球賽開打，總能在全國引起一陣觀賞球賽的風潮，賽事高潮迭起，結局經常跌破眾人的眼鏡，冠軍賽更是嗨到最高點，能拿到冠軍的隊伍，必然會有一、兩位閃耀的球星爲眾人所關注，而失敗隊伍雖然輸了球，但是大家對於其中幾位閃亮明星高超的球技依然讚賞有加。這時心中突然閃過一個念頭，如果把各隊最亮眼的球員組成一隊，是不是就能拿下世界盃冠軍呢？其實未必如此！冠軍隊伍並非僅靠一、兩位閃亮球星的驚人球技就能贏球，還必須仰賴全體隊員團隊合作才行，即使如此也未必能贏球，球隊的向心力才是發揮戰力的核心關鍵；向心力來自球隊長期營造，以及球隊領導者的經營思維，球隊總教練則掌控著人員的調度。該用誰？何時用？球員像是棋子，總教練得下盤好棋才能幫助大家得到榮耀。

那麼，如果將全國優秀的老師集中在一所學校，這間學校的發展又會如何呢？

自由與公平

自由與公平是個普世價值，不過誤用自由與公平卻也是普世現象。黃老師在美國奧勒岡州（State of Oregon）念博士班，一念就念了七年，他相當熱愛釣魚，週末沒事就去河邊釣魚，他發現在美國釣魚竟然要買釣魚證，而且一條河需要一張釣魚證，買了甲河的釣魚證，不能到乙河釣魚；更讓黃老師驚奇的是，買了甲河A魚的釣魚證，竟然就只能釣A魚，不能釣其他種類的魚，如果釣上了B魚，很抱歉，請放回去。臺灣的朋友聽到這件事都哈哈大笑，並且表示在臺灣誰會理你啊！確實，這種規定在臺灣像是個笑話，臺灣的朋友愛去哪兒釣就去哪兒釣，就算這條河旁邊的告示牌寫著「禁止垂釣」，還是會有人視而不見。若問抓魚者此處不是不可以釣魚嗎？他會回答自己是用「網」的，可沒有釣魚！

美國朋友這麼「笨」地遵守規定得到了什麼好處？奧勒岡州政府收了釣魚證的錢之後，專款專用，全部用作維護溪流的生態環境，在適當地點建設釣魚平臺、廁所、停車場等公共設施，並且會養殖特定魚種至一定大小再野放，因此美國朋友不但可以舒舒服服且安全地釣魚，還能釣得很過癮，因爲釣起大魚總是讓人心情爽快。臺灣的朋友想要溪釣，必須自己研究釣點，還要披荊斬棘想辦法抵達溪邊，溪邊不但環境髒亂，溪水品質堪慮，釣起來的魚經常連巴掌大小都不到。表面上看來，美國朋友眞不自由，釣個魚還得買張釣魚證，但是他們得到了品質和眞正的方便；臺灣則看似自由，愛去哪裡釣都可以，想用各種工具都行，但每個人爲了自我的方便，最後卻造成大家都不方便。

齊頭式平等的謬誤

安傑過去是一位極富正義感的學生，看到同學被欺負，經常會不畏流言主動仗義執言，不過他自己也有一些狀況，那就是對讀書感到意興闌珊，對運動也未必積極，很多分內的事總是一拖再拖，上課也總是在夢周公。多年以後，安傑踏入社會工作三年了，月薪只有二萬六千元，對比同學安東在私立高中當老師，月薪六萬多，安傑總感到心有不平。只是安傑忘了一些事，當他在恍神、睡覺、玩手機遊戲時，安東總是聚精會神地聽課、認眞學習，拚死拚活度過各種挑戰，並積極參與各種校外活動，不斷提升自己的競爭力，最後皇天不負苦心人，終於考上正式教師。接著再拚命教書，一週二十五節課，下班後繼續上課輔班，課輔結束，還接著晚自習，才拿到六萬多的薪水，這……不公平嗎？如何才算公平？

教育界很強調公平，卻是一種表面上齊頭式的公平。志光是一位很認眞的老師，不但教學認眞，對於教材研發更是用心，因此還得過教學卓越金質獎、師鐸獎等榮耀與獎項。教得好又用心，將班級交給志光老師負責幾乎不會有負面批評，於是，志光老師的課愈上愈多。

學校裡另一位孟非老師則是經常被學生和家長投訴，校長接二連三地接到教育局公文要求處理，使得學校行政人員非常頭疼，爲了減少麻煩，只好盡量讓孟非老師少上一點課，甚至乾脆讓他去負責行政職，只是行政人員也沒人想與他共事，最後只好調動孟非老師到一個閒到不能再閒的處室。與孟非老師相同年資的志光老師，每天勞心勞力地爲教育打拚，薪水卻比閒到不行的孟非老師還少，因爲「按照制度」，孟非老師比志光老師多了「行政加給」；根據現有制度，這種狀況等於是變相鼓勵大家：「擺爛」可以讓自己比較輕鬆，努力只會讓自己累死，而且更好笑的是，擺爛的人薪水還多一些。

關心教育的各界人士喜歡讚美把薪水捐出來的老師，頌揚不拿錢幫孩子免費上課的老師，推崇沒日沒夜沒休假地照顧學生，卻拋妻棄子的老師。如果要當個好老師必須把薪水捐出來、提供免費演講、當義工課後輔導，假日還要帶著孩子上山或環島，我想不會有太多優秀的年輕人願意加入這個行業。如果教育要靠一群「寂寞的傻瓜」自我犧牲（或說自我實現），眞的是相當扭曲和殘忍。

與我同期的師鐸獎得主陳清圳校長，每天從雲林大埤的家裡，開車三十公里到華南國小，再開十七公里到樟湖國中小學，每個月光是油錢就要花掉二萬元。爲了讓學生能有更好的生態學習機會，還自掏腰包租下學校前面的田地，這麼想爲教育做點事的人，資源卻少得可憐，各界除了拍手之外，也必須體認這種現況的不正常，更需要有系統地解決教育資源齊頭式平等的謬誤。

像這樣的偏鄉學校，若是能打破現有制度所謂的公平，多提供人力與經費，即使一個老師只帶一個學生的狀況也願意支持，那麼不用多久，就會有不少老師爭取到偏鄉教學，也會有不少家長願意花費較長的通勤時間把孩子送到偏鄉學校，因爲可以預期自己的孩子肯定會受到較多的關注。當然這時必定會有人批評是浪費教育資源，而且只教一、兩個小孩，工作量這麼少，太「不公平」了。

教育不是一門生意，不能用成本效益來衡量，拉偏鄉的孩子一把，是讓社會階層流動的必要舉措。偏鄉的孩子及其父母爲什麼會待在偏鄉？因爲他們多是弱勢的一群。經常看到有人在 Facebook 上分享佝僂的老婆婆擺攤子養活家人的故事，希望藉由分享吸引人們去消費，因爲老婆婆屬於弱勢族群，所以激發了大家想幫忙的慈善心，但爲何碰到給予偏鄉地區的弱勢族群多一點教育資源之議題，就一再強調表面上的公平呢？

長遠的教育發展

另一位同期的師鐸獎老師楊志朗，每個月將六分之一的薪水捐出來給學生買書，大家都相當感動（李濤拍攝的《善耕台灣》系列，光是楊志朗的特輯，就有五百多萬的點閱率），然而他卻犧牲了經營自己的家庭，四十多歲仍然孤身一人。我曾問志朗：「你寂寞嗎？」

「非常寂寞！」志朗坦白地回答。

將値得尊敬的教育界人士塑造成「完美」英雄形象，不但會傷害他們，也會傷害其他教育者。志朗捐錢捐了十七年，捐得毫無壓力，因爲那是他自己想幫孩子，出名之後，總有些閒言閒語，原本出於熱心的捐款，現在卻變得如同欠誰錢似的，好像不捐不行，令志朗感覺變得有負擔了。每月花費二萬元油錢、捐六分之一薪水……全國有幾個老師能做到？然而，我們眞的期待全國老師都這樣做嗎？長遠教育發展是這樣運作的嗎？

如果把芬蘭最優秀的數位教師集中在臺灣的一間學校，是否這所學校就會變得非常優質呢？那就得看這個學校的校長是否一樣很優秀，這個地區的教育局長是否有前瞻的理念，這個國家的教育部長是否有引領未來的眼光和勇氣。

現在的教育現場是如何選出一位教育部長呢？教育局長是如何指派的呢？各校校長又是怎麼遴選出來的？教育部長和教育局長何等重要，實在需要成立一個超越黨派的遴選與推薦委員會，來幫國家的未來找到適當的領導者。教育部長與教育局長選對了，那麼各校校長的遴選也就對了一半，另外一半就必須修改現有教師升任行政人員的辦法。現在各個學校的行政人員，當然不乏擁有教育熱忱又熱心服務的教師，但也有很高比例是被強迫負責行政的菜鳥教師；不可諱言，還有一些教學狀況不佳，或是說不清爲何要聘用導致無課可上的老師，以及參與學校行政比例極高的體育老師。這些行政人員都有機會成爲主任，在高中裡只需校長任命，就可以成爲主任，不需要任何考試，也不需要任何遴選，成爲主任之後，只要用心經營人脈，不出數年大多可以順利當上校長。

如果新科校長是由擁有教育熱忱又熱心服務的教師升任，這不但是學校的運氣，更是國家的福氣；如果新科校長是當年教學狀況不佳轉而負責行政職的老師，因爲多年的人脈經營，如今順利轉任校長，那眞的只能請大家自求多福吧！

中學校長還有一個特色，那就是體育老師轉任校長的比例特別高（有一說高達二分之一），這種現象當然是現有制度所造成。或許有人會提出，上述是否對高中校長由體育老師升任有偏見？這麼說吧，高中校長有一半是數學老師、地理老師或是音樂老師等，大家會不會覺得很奇怪？造成這種現象的制度不需要討論一下嗎？這才是本文期望引起教育界思考的重點所在。

未來教育

任何人與一隻黑猩猩共處在一座孤島上，黑猩猩的生存能力絕對比人類更好。但如果是一千個人和一千隻黑猩猩共同生活在一座島上，人類便能輕易獲勝，這是因為人類可以團結合作與分工。在所有的生物中，只有人類可以有如此高明的合作，因為我們擁有牠們無法擁有的「想像力」與「創造力」。黑猩猩也有語言（聲音、肢體），但是人類的語言中擁有神奇的「細節」，這些細節的堆砌能夠創造出許多「意象」，而意象引伸出想像，所以重點不是語言，利用語言所表達的內容才是關鍵。無論是文創還是國際化教育，「內容」才是發展的王道，就算只會粗淺的英語，只要有動人的內涵，還是能引人注目。若用盡一切資源只是為了通過各種英語檢定，以為這樣就代表國際化，那眞是搞錯重點了，毫無內容的英語表達方式，大約只比蘋果公司的 Siri 強大一點。

人類可以用一個故事說服人們放棄一切、放棄生命，例如，爲了能夠對得起祖先或是可以上天堂。但是你不可能看到有哪一種生物可以用一種故事，說服其他同類把食物交出來、把生命交出來，只爲了能夠上天堂，或是得到榮耀。在政治領域中，故事也具有力量，無論是黨派還是國家，都必須靠著創造出一系列的故事，串起一系列的想像，才能夠將一群不認識的人凝聚在一起。鈔票本質上就是一文不値的紙張，但是透過動人的故事，讓人明白這些紙張可以買到想擁有的東西，而且還眞的實現了，於是人們就相信了，關於鈔票的故事也就行得通了。人類不斷在客觀現實裡，建構一個又一個虛構的故事，這些層層疊疊的故事，讓人類日漸強大而主宰世界。

未來教育仍需堅持教改

許多數據顯示這個世界貧富懸殊、經濟極端不平等，本世紀最大的政治和經濟問題將會是：在高速科技發展之下，會有一群龐大的失業階層形成，這個嚴重的問題該如何解決呢？當然，教育會是方法之一。什麼樣的教育才能幫助學生在未來不要成爲那一群龐大失業階層中的一員呢？回答這個問題之前，我們先來想想未來的世界需要什麼樣的人才，如前所述，想像力和創造力是人類稱霸世界的關鍵能力，未來這兩種能力依然需要。

世界變得愈來愈複雜，知識愈來愈繁瑣而巨量，切割得愈來愈細的知識體系需要更多跨領域的合作，那麼「溝通」與「協調」能力將是備受重視的環節。過去舊制聯考最大的優點就是公平，到今天依然有許多名人公開支持恢復舊制聯考，但是平心而論，舊制聯考能夠教育出具有優秀想像力、創造力、溝通力與協調力的孩子嗎？只憑著死背幾本書，硬記部編本教科書（教育部版本）裡的內容，根本是不可能的事。那麼，難道教改之後就可以教出這樣的孩子嗎？大家都清楚，當然沒有這麼簡單！

一九九四年以臺大教授黃武雄爲首的「四一〇教改聯盟」提出「廣設高中、大學」的訴求（當時還以雷射在總統府正面打上「道歉」二字），隨後由李遠哲擔任召集人的「教改會」予以呼應，於是臺灣的高中和大學數量開始快速擴張。到了一九九九年私立大學增至二十三所，大一新生人數突破十萬人。二〇〇一年「末代」大學聯招落幕，二〇〇二年全面實施大學多元入學方案，二〇〇四年大一新生人數突破二十萬人，到了二〇一五年全國共有一百六十七所公、私立大學（然而人口兩千四百萬的澳洲，卻「僅」有三十九所公、私立大學，至二〇〇八年為止，這三十九所大學中有十一所的科學研究排名乃是世界前五百大）。

從一九九四至二〇一五年，大學從二十二所變成一百六十七所，夠瘋狂了吧！二〇〇八年大學錄取率已高達九七．一％，大一新生人數年年創新高，就算在少子化的影響下，二〇一五年大一新生仍達到二十七萬多人。在我考大學的年代（三十多年前），大學聯考有十萬考生，能考上的僅有三萬多人，光是從數量上來看，那時的大學生當然會比今日的大學生「值錢」。「廣設高中、大學」這項政策就是造成今日部分大學教授素質低落、部分大學生程度離譜，畢業後供過於求導致薪資無法提高，甚至拉低了優秀學生的薪資狀態，以及技職教育被拖累的關鍵原因，坦白說，這是一項錯誤的教育政策，今日就算有人站出來道歉也於事無補。

然而教改仍要繼續進行，但是要呼應時代快速的變遷而重新修正，繼續調整教育的理念與架構，千萬不能因為過去「教改會」所造成的錯誤而喊著要走回舊制，或是因此反對教改；教改是進行式，必須不斷調整內涵，同時了解教改並不等同於過去的教改會。

關於教改這個議題，從態度上簡單地說，改了可能死，不改則是必死。

世界正在進行前所未有的劇變，難道這個現象有人會質疑嗎？春秋戰國時代能拿起一百公斤大刀者是個人才，科舉時代能背書、寫文章者才是人才，工業革命期間，有理工頭腦的人得到前所未有的機會，時代一直在改變，十年後，當製造業逐漸消失，當大多數人都沒有工作的時代來臨時，藝術人才很可能遇到難得一見的時代機運，因應劇變的時代，教育能夠不做改變嗎？該怎麼改是大哉問，但是絕對不能不改。

附註：臺灣大專院校一覽（共計一百六十七所）

◎公立大學三十四所（包含師範、教育、藝術、體育）：

臺灣大學、清華大學、交通大學、成功大學、政治大學、中興大學、中央大學、中山大學、中正大學、臺灣師範大學、高雄師範大學、彰化師範大學、臺灣海洋大學、陽明大學、臺北大學、嘉義大學、高雄大學、東華大學、暨南國際大學、臺北藝術大學、臺灣藝術大學、臺東大學、宜蘭大學、聯合大學、臺南藝術大學、臺南大學、臺北教育大學、新竹教育大學、臺中教育大學、屏東大學、臺北市立大學、金門大學、體育大學、臺灣體育運動大學。

◎私立大學三十三所：

東海大學、輔仁大學、東吳大學、中原大學、淡江大學、中國文化大學、逢甲大學、靜宜大學、世新大學、銘傳大學、實踐大學、義守大學、長庚大學、元智大學、中華大學、華梵大學、大葉大學、眞理大學、大同大學、南華大學、慈濟大學、長榮大學、玄奘大學、高雄醫學大學、臺北醫學大學、中山醫學大學、中國醫藥大學、亞洲大學、開南大學、佛光大學、明道大學、康寧大學、臺灣首府大學。

◎國立科技大學十四所：

臺灣科技大學、雲林科技大學、屏東科技大學、臺北科技大學、高雄第一科技大學、高雄應用科技大學、虎尾科技大學、高雄海洋科技大學、澎湖科技大學、臺北護理健康大學、高雄餐旅大學、勤益技術科技大學、臺中科技大學、臺北商業科技大學。

◎國立技術學院一所：

國立臺灣戲曲學院。

◎私立科技大學四十五所：

朝陽科技大學、南臺科技大學、崑山科技大學、嘉南藥理大學、樹德科技大學、龍華科技大學、輔英科技大學、明新科技大學、健行科技大學、正修科技大學、弘光科技大學、明志科技大學、建國科技大學、萬能科技大學、嶺東科技大學、中國科技大學、中臺科技大學、大仁科技大學、聖約翰科技大學、高苑科技大學、元培醫事科技大學、臺南應用科技大學、遠東科技大學、德明財經科技大學、中華醫事科技大學、東南科技大學、景文科技大學、南開科技大學、僑光科技大學、中華科技大學、育達科技大學、吳鳳科技大學、美和科技大學、環球科技大學、修平科技大學、中州科技大學、長庚科技大學、臺北城市科技大學、醒吾科技大學、大華科技大學、文藻外語大學、南榮科技大學、華夏科技大學、慈濟科技大學、致理科技大學。

◎私立（技術）學院十八所（含獨立學院）：

大漢技術學院、和春技術學院、亞東技術學院、桃園創新技術學院、蘭陽技術學院、德霖技術學院、東方設計學院、經國管理暨健康學院、黎明技術學院、大同技術學院、崇右技術學院、亞太創意技術學院、臺灣觀光學院、臺北海洋技術學院、中信金融管理學院、稻江科技暨管理學院、法鼓文理學院、馬偕醫學院。

◎專科學校十三所：

國立臺南護理專科學校、馬偕醫護管理專科學校、仁德醫護管理專科學校、樹人醫護管理專科學校、慈惠醫護管理專科學校、耕莘健康管理專科學校、敏惠醫護管理專科學校、高美醫護管理專科學校、育英醫護管理專科學校、崇仁醫護管理專科學校、聖母醫護管理專科學校、新生醫護管理專科學校、國立臺東專科學校。

◎軍警學校九所：

大學及學院（七所）：

陸軍官校、海軍官校、空軍官校、國防大學、國防醫學院、中央警察大學、空軍航空技術學院。

專科學校（兩所）：

臺灣警察專科學校、陸軍專科學校。

後記

老師碎碎念

每次畢業季到了，總是會應景地寫一些話叮嚀學生，但一句話實在很難表達關切之心，若是學生願意再聽老師嘮叨幾句，下面的話是我送給學生們最誠懇的提醒。

別急著吃棉花糖

這個著名的實驗規則很簡單，找一群四到六歲的小孩，分別給他們一顆棉花糖，告訴他們如果十五分鐘後沒有吃掉它，那麼將會得到第二顆棉花糖；實驗結果有三分之二的小朋友無法等待，而把棉花糖吃掉，另外三分之一則成功地「延遲欲望」，等待了十五分鐘。追蹤這些孩子十五年後的發展，這三分之一的孩子無一例外百分之百屬於人生勝利組，而吃掉棉花糖的孩子生活則充滿失敗與挫折。同學們，想讓自己的人生更順遂，要學著延遲欲望，「自律能力」是人生勝利組的必備條件。

把成功存起來

俗話說：「學歷是銅牌，能力是銀牌，人脈是金牌，思維是王牌。」千萬不要把優先順序給弄錯了，花費所有生命汲汲營營地追求分數、追求學歷，卻忘了人生更重要的項目。班上選幹部的時候，要積極爭取，雖然當幹部會花時間，又得夾在老師和同學或同學和同學之間，但是出了社會這些不都是能力的一部分嗎？在學校裡犯錯，代價小、收益高，出了社會犯錯，那代價眞是異常昂貴。

記得廣結善緣累積人脈，因爲人脈經常就是錢脈，當你忍不住想開口傷人時，想想看，何苦和自己未來的錢脈過不去呢？成功的人之所以會成功，是因爲有成功者的思維，會運用成功者的方法來創造成功者的環境，如果你有成功者的思維、方法和環境，怎麼可能不成功呢？可是，什麼是成功呢？爸爸是企業家或地主，一輩子沒有工作過，卻能三餐無虞，這不算成功，坐在超跑（超級跑車）裡不保證不哭泣，心靈空虛不可能眞的快樂。成功就是根據自己的命與運，最大限度地將自己這塊材料發揮到一個境界。

把自己發揮到一個境界之後，能不能幸福還要看修爲，提升修爲的方法之一當然是讀書，書是前人的經驗與智慧積累，有天分要讀書，沒天分更要讀書。承認失敗多容易啊，但日日夜夜忍受挫折，分分秒秒抵抗放棄的誘惑，咬牙苦撐、努力不懈，等待成功的一刻來臨，那是多麼不容易啊！從小到大，我們會歷經多少失敗，次數多到已經麻木了是嗎？那失敗還有什麼可怕？爲了怕失敗而裹足不前，造成從未鼓起勇氣嘗試的「遺憾」，才是最可怕的！

把錢存起來

買一臺全自動咖啡機，只要按一個鈕，不管美式咖啡、卡布奇諾還是拿鐵，通通都能輕鬆煮出來。但是一臺機器要價八萬元，你願意買嗎？每天喝咖啡的學生回答說不買，因爲太貴了。但是他們卻願意每天買一杯四十五元的超商咖啡，認爲四十五元不算貴，其實只要把四十五乘上三百六十五，就會明白一年得花掉一萬六千多元，只要四年多的時間，買咖啡的花費就會超過八萬元。四年過後，當初花八萬元買的咖啡機還能繼續運作，至於每天購買超商咖啡，只是把八萬元喝得什麼也不剩，這樣算來，哪種選擇比較划算呢？

別小看了這些小錢，小錢乘上時間就是大錢，年輕人最豐富的資源之一就是時間啊！喝咖啡只是舉個例，其他諸如線上遊戲的花費、去電影院看電影，甚至看一場五千元起跳的偶像演唱會，這些零零星星的花費若能存起來，一年也可以存個幾萬元。

若一年投資一次，不論是績優股票還是買個金塊，都能增加未來以錢賺錢的資本，假設從十八歲開始實行，持之以恆，相信在三十歲的時候，銀行戶頭裡有個百萬現金並非難事。環遊世界體驗人生、回應內心的吶喊、勇敢追夢……，這些當然都值得鼓勵，但要小心別任性。若能打開心門，一趟兩個月的自助旅遊就能讓不少智慧之光照進大廳。凡事皆是有得就會有失，長期旅遊除了金錢、時間的付出以外，還要考慮回國後工作上的心態調適，「過長」的旅遊，之後的生活壓力恐怕會更大。

請選擇擁有智慧

聰明是一種天賦，是上天、父母賜給你的「本質」，然而智慧是一種選擇。孟子說「人性本善」，荀子認爲「人性本惡」，性善、性惡論戰了兩千年，各有論述支持者。從西方的觀點來看，有人支持「基因決定論」，另一邊則贊同人類的「自由意志論」，同樣也是爭論不休，沒有任何一方能拿出讓人心服口服的證據。聰明既然是天賦，直接反映本能就行了，那是如同呼吸、吃飯一樣的自然反應。智慧和聰明不同，智慧是一種生命淬鍊後，經由「自主思考」選擇過的精華，並非每個人都會選擇自主思考，所以說智慧是一種選擇。當你聰明地看出同儕的錯誤時，智慧便能讓你判斷是否該指出錯誤或指出錯誤的正確時機；當你從網路上便利地擷取各種「懶人包」時，智慧可以讓你判斷懶人包資訊的正確度，以及是否應該繼續幫忙轉貼訊息。

學會說好話

下課時站在校園裡人多的地方，有很大的機率會在短短十分鐘內聽到學生「問候別人的媽媽」，且不時傳來男生狂吼、女生尖叫，那是一種足以震動神經、刺激腎上腺素分泌的狂吼與尖叫，聽到的老師皺個眉、微搖頭或輕嘆氣，無力地繼續做著手邊的事。還有很大的機率聽到學生用力地「酸」同學，諸如「你是吃屎長大的啊，剛剛問什麼白痴問題」、「嗯……她以為功課好就了不起啊！走路什麼樣子嘛，像個妓女一樣」。這些學生間稱之為「酸」的行為或言語，其實已經屬於霸凌了，同學們卻有樣學樣，將來到社會上繼續仿效，無所不酸，形成「酸民文化」。可是，大家在酸民文化氾濫的社會中都過得舒坦嗎？

大家都喜歡聽到別人對你說好話吧，聽到時一定會很開心，會覺得那一天特別美好，很可能還會特別記得對你說好話的人的表情，甚至當時他的衣著等細節，而他說出的每一個字，你都記得一清二楚，彷彿歷歷在目。可是對說好話的人來說，只不過是「說了一句好話」罷了，可見說好話的「效益」實在是太神奇了。

說好話不容易，要用心觀察、細心體會別人的言行與舉止，知道別人得意的是什麼、忌諱的是什麼，才能稱讚對方的得意，避開對方的忌諱，成為一個會說好話的人。說好話不是虛偽，是心中在乎別人；說話直接不是有個性，是心中只在乎自己。媽媽對著小孩說：「寶貝，你好棒喔！」是媽媽很在乎孩子的成長，即使孩子只不過是把一口飯吞下去罷了。對著好朋友說：「告訴你一件事，我覺得你每天午飯都吃太多了，難怪會胖，我是好意才對你說，你可不要生氣喔。」這是好意嗎？也許有一點，但更多的原因是憋著不講很難過，選擇講出來很痛快，可見說的人其實更在乎的是自己。

知道劇變的處境

第二次世界大戰至今已經七十年了，年齡在八十歲以下的人都缺乏戰爭留下來的烙印，這一大群人沒有經歷過世界大戰的摧殘，更不曾嗅到一絲一九三〇年代經濟大恐慌的氣味。什麼四年級、五年級，即使直到千禧年後出生的新一代，只有心靈大戰與生活恐慌，千禧年附近出生的各位，一出生就面臨人類歷史上即將開始劇變的時代。請注意，是「開始」！十年內機器人會大量普及，二十年內製造業會逐漸絕跡，三十年內吞服一顆資訊丸，你的大腦就可以獲得特定資訊，年輕人面臨這樣前所未有的轉變，要好好思考自己的存世之道。

如何思考？多看TED演講，多提出問題與師長討論，但是要注意不可盡信任何說法，因爲在劇變的時代，任何說法都面臨著最嚴苛的挑戰。在學術上沒有權威或宗師這回事，犯錯是任何高手或低手都會發生的事，差別在於高手提供的深度、廣度與密度較爲可觀，這些是高手最值得後進貼近學習之處。

穩定就是好嗎？

父母根據自身過去的經驗，總告訴孩子：我不指望你有多大的出息，生活安定就好。但是，這樣的願望可能達成嗎？這是一個劇變的時代，父母雖然都聽過，但是並不清楚其中的變革到底會如何。既然身處在這樣的時代，那麼父母過去經驗中所謂的安定，恐怕過不了多久就不會存在了。

譬如說公務員，這是一般父母眼中的安定職業，可是他們可曾想過，現在許多銀行的櫃檯都已經使用自動服務機器了，可能沒多久，許多基層公務人員也會被自動化機器取代，到了那個時候，這些被解雇的公務人員若是沒有一技之長，要在競爭激烈的社會中如何生存呢？在這樣的社會中，過去的成功經驗還有用嗎？當一切都是未知，就要靠不斷地摸索、不斷地嘗試錯誤，從無數的錯誤中找到一條光明可行之路，過去的成功經驗多數在今日已不可行，只能提供後人憑弔，僅餘的價值則是作爲「可千萬別走這種老路啊」之參考。不過賦予老路新走法，從老路中看到新風景，未嘗不是一種新的開發，這些再再告訴我們突破舊格局、開創新視野是生存下去的必備法則。

學會提問題

「提問題」乍想之下似乎很容易，實際在課堂上卻發現同學們對於提問題感到力不從心，雖然他們可能有非常充分的理由不在課堂上提問，例如，怕被嘲笑是白痴。請試著想像，如果舉手提問，了不起成爲別人眼裡一分鐘的白痴，可是不提問，有可能一輩子都是傻瓜。爲了能探求世界、實現自我，還是該重新鼓起勇氣試著發問，若是實在沒有足夠的勇氣，至少應該在下課後找老師當面詢問，或者也可以使用 Facebook 或 Line 等網路工具來提出問題，這也是個不錯的開始。

提問需要經過學習與不斷練習，這就意味著，過程中就是一連串的「試錯」，錯誤本來就是其中的必備要素之一。學著提問的第一步，要懂得縮小「問題的範圍」：

若一開口就問老師：「書要怎麼念？」這個問題太大了，試著縮小一點。「地理要怎麼念？」問題還是太大了，再縮小一點。「地理的第一冊要怎麼念？」這個問題範圍稍微適當些，但還可以再縮小一點。

「氣候類型要如何判讀？」問題愈來愈精準了。「為什麼夏雨型暖溫帶都位在東南沿海？」這是能讓老師更精準解釋的問題。

唯有精準的問題才能得到精準的答案，未經過努力閱讀與思考的問題，通常很難達到精準的程度。

不要怕犯錯

這個社會人心有些不安，似乎大家都活得有些緊張，新聞裡若是播報一件社會事故，整個社會便急躁地追問「誰該負責？」這原本是個合理的要求，不太正常的是，找到人出來負責之後，社會群體開始「歇斯底里」，集體朝向目標丟石頭。至於「被丟石頭的目標是不是眞的該負責」、「這個社會事件發生的來龍去脈是否有更深一層的複雜因素」，以及「類似的社會事件該如何防範再次發生」等議題，卻得不到大眾相對的關心。

在家裡，父母是不是對於犯錯太過嚴厲？在學校，同學是不是對犯錯的反應太誇大？老師對犯錯者說的話是不是太傷人？這些都是促成大家害怕犯錯的因素。但是同學應該很清楚，人不可能不犯錯，若是因爲別人的因素而怕犯錯，每天活得緊張兮兮、創意全失，眞的很沒有意義。我們可以從自己做起，犯錯不是問題，「能改」就好，不但自己能改，也要容許別人有機會改，這樣不但自己愈活愈健康，推己及人，社會也會愈來愈和諧。

放開心胸多學習

「老師，我發誓，以後到社會上找工作一定不會用到三角函數 Sin、Cos，我現在可不可以不要學？」

每每遇到數學成績奇差無比的學生時，總會聽到他們哀怨地呻吟：可不可以不要學數學？學這些東西有什麼用？

原始人類哪有數學、地理、物理那麼多學科，這些學科是怎麼產生的？以瓷器爲例，如果從「要用什麼材料來製作才能達到晶瑩剔透般的質感」這樣的觀點來思考，那就產生了材料科學；若是用歷代的瓷器有何演變的角度來看瓷器，就會是瓷器的歷史學；要是從探究瓷器的分布、擴散與貿易路線等「空間」的角度看瓷器，就形成了瓷器的地理學。所以不同角度的觀點形成了不同的知識體系，也就形成了不同的學科，這些學科各有一套獨特的觀察與思維邏輯。不管從什麼觀點來看瓷器，瓷器就是瓷器，不同的只是我們的觀察角度，若是用愈多角度來看一件事物，那麼必然可以得到對這件事物更加全面的認識。

學這個有什麼用？你學的是一個觀察事物的角度與邏輯，有沒有用，就看你能不能透過各種角度的觀察與邏輯思維，內化成一種強大的解決問題的思維能力。

吸收正面知識

網路時代資訊自由而開放，身處於這個時代的挑戰是如何找到並獲取有價值的資訊。資訊爆炸這件事有陽光的一面，當然也會有陰影，若是對心智有害的大量訊息四處流竄，看多了實在不利於健康心靈。一九六四年生的蔡藍欽在大學時代寫了一首〈這個世界〉，歌詞裡的最後一段提到：

我們的世界　並不像你說的真有那麼壞
你又何必感慨　用你的關懷和所有的愛
為這個世界　添一些美麗色彩

教人去恨永遠比教人去愛來得簡單，告訴別人要負什麼責任比提醒自己該負什麼責任容易，因此同學要小心避免太多仇恨，多提醒自己還可以做些什麼。在這個動不動就末日來臨的世道，更要多理解世界其實默默在進步。一九九〇年有三六％的世界人口生活在貧困之中，當年原先規劃到二〇一五年時，要將貧困人口降至一八％以下，結果有達到目標嗎？令人振奮的是，全球貧困人口在當年竟然下降至一二%。是的，這個世界上的確仍存有很多問題，但是依然可以看到千千萬萬的人在各地努力讓世界更美好，而且眞的一步一步往美好邁進了。

人師系列 004

教育這種病

作　者──廖振順
插　畫──廖彥涵
主　編──邱憶伶
責任編輯──曾曉玲
責任企畫──葉蘭芳
美術設計──Copy
董事長──趙政岷
總經理
總編輯──李采洪
出版者──時報文化出版企業股份有限公司
一〇八〇三臺北市和平西路三段二四〇號三樓
發行專線──（〇二）二三〇六六八四二
讀者服務專線──〇八〇〇二三一七〇五
（〇二）二三〇四七一〇三
讀者服務傳真──（〇二）二三〇四六八五八
郵撥──一九三四四七二四時報文化出版公司
信箱──臺北郵政七九～九九信箱
時報悅讀網──http://www.readingtimes.com.tw
電子郵件信箱──newstudy@readingtimes.com.tw
時報出版愛讀者粉絲團──http://www.facebook.com/readingtimes.2
法律顧問──理律法律事務所　陳長文律師、李念祖律師
印　刷──勁達印刷有限公司
初版一刷──二〇一六年五月十三日
定　價──新臺幣二八〇元

國家圖書館出版品預行編目資料

教育這種病 / 廖振順著 . -- 初版 . -- 臺北市 :
時報文化 , 2016.05　面 ;　公分 . -- (人師系列 ; 4)
ISBN 978-957-13-6622-7 (平裝)

1. 教育　2. 文集

520.7　　105006453

ISBN：978-957-13-6622-7
Printed in Taiwan